Familie im Gepäck

Rosa Rechtsteiner

Familie im Gepäck

Wie Sie sich aus alten Mustern lösen und zum eigenen Leben finden

Unter Mitarbeit von
Lena Rechtsteiner-Aboubacar

Patmos Verlag

Wichtiger Hinweis:
Die in diesem Buch enthaltenen Informationen, Hinweise und Übungen wurden nach bestem Wissen der Autorin erstellt und sorgfältig geprüft. Sie ersetzen jedoch nicht den persönlich eingeholten (psycho-)therapeutischen oder medizinischen Rat. Verlag und Autorin können für Irrtümer oder etwaige Schäden, die aus der Anwendung der dargestellten Informationen, Hinweise oder Übungen resultieren, keine Haftung übernehmen. Deren Nutzung bzw. Durchführung erfolgt auf eigene Verantwortung der Leserinnen und Leser.

MIX
Papier | Fördert gute Waldnutzung
FSC
www.fsc.org
FSC® C083411

Klimaneutral
Druckprodukt
ClimatePartner.com/14549-2003-1001

Die Verlagsgruppe Patmos ist sich ihrer Verantwortung gegenüber unserer Umwelt bewusst. Wir folgen dem Prinzip der Nachhaltigkeit und streben den Einklang von wirtschaftlicher Entwicklung, sozialer Sicherheit und Erhaltung unserer natürlichen Lebensgrundlagen an. Näheres zur Nachhaltigkeitsstrategie der Verlagsgruppe Patmos auf unserer Website www.verlagsgruppe-patmos.de/nachhaltig-gut-leben

Bibliografische Information der Deutschen Nationalbibliothek
Die Deutsche Nationalbibliothek verzeichnet diese Publikation in der Deutschen Nationalbibliografie; detaillierte bibliografische Daten sind im Internet über http://dnb.d-nb.de abrufbar.

5. Auflage 2023

Verlagsgruppe Patmos in der Schwabenverlag AG, Ostfildern
www.verlagsgruppe-patmos.de

Umschlaggestaltung: Finken & Bumiller, Stuttgart
Umschlagabbildung: 42018194 @iStock.com
Druck: CPI books GmbH, Leck
Hergestellt in Deutschland
ISBN 978-3-8436-0656-1 (Print)
ISBN 978-3-8436-0686-8 (eBook)

Inhalt

EINLEITUNG:
Hallo Familienbande – warum es sich lohnt, zu gucken, wo wir herkommen

In diesem Buch geht es einerseits um Familien. Um den Teil der Familie, mit dem wir es unmittelbar zu tun haben, also unsere Eltern, Großeltern und Geschwister. Und um den Teil der Familie, den wir kaum kennen und oft gar nicht im Blick haben, also unsere Vorfahren und Ahnen, die uns unbewusst ebenfalls mit prägen.

Auf der anderen Seite geht es in diesem Buch um Sie selbst. Um die Momente, in denen Sie das Gefühl haben, dass Sie sich selber blockieren und sabotieren oder sich schlicht nicht so verhalten, wie es eigentlich gut wäre für Ihr persönliches Glück, für Erfolg im Job oder eine gelingende Beziehung. Momente, in denen man sich selbst im Weg steht, kennt so gut wie jeder Mensch. Die allermeisten wissen sofort intuitiv, was gemeint ist, wenn ein Schlagwort wie Selbstsabotage fällt, und verbinden damit bestimmte Situationen. Etwa dieses eine gut bezahlte und interessante Jobangebot vor ein paar Jahren, das man aus fadenscheinigen und im Nachhinein nicht nachvollziehbaren Gründen abgelehnt hat. Oder diese eine große Liebe, die man durch ständige, unnötige und kleinliche Streitereien ruiniert hat. Oder man denkt an eigene Herzenswünsche, die man aus einem unerfindlichen Grund nicht verfolgt und stattdessen ein Leben führt, das sich zwar irgendwie okay, aber auch ein wenig fremdbestimmt anfühlt.

In meiner Praxis habe ich immer wieder festgestellt, dass viele Themen rund um Selbstsabotage und innere Blockaden sich letztlich auf eine Wurzel zurückführen lassen: Sie hängen unmittelbar mit den Kräften und Dynamiken zusammen, die aus unseren Familien über mehrere Generationen auf uns einwirken. Denn oft halten wir uns unbewusst an das, was unsere Eltern, Großeltern und Ahnen uns vorgelebt haben, was sie uns quasi an Werten, Ideen und Verhaltensregeln über die Generationen hinweg weitervererbt haben.

Durch die weite Verbreitung und die Akzeptanz der systemischen Therapieansätze und zum Teil auch der Familienaufstellung gehört es mittlerweile zum Allgemeinwissen, dass unsere unmittelbaren Familienkonstellationen – etwa das Verhältnis unserer Eltern zueinander oder deren Beziehung wiederum zu ihren Eltern – auch Auswirkungen auf unser Leben haben und Teile unserer Schwierigkeiten und Lösungsideen, unserer Stärken und Schwächen mit begründen.

Der Ansatz, den ich verfolge und den auch einige andere Kollegen aus der systemischen Therapie und Beratung und aus der Psychoanalyse auf ähnliche Weise vertreten, geht aber noch einen Schritt weiter: Auch die Ahnen, also Familienmitglieder aus dem letzten und vorletzten Jahrhundert prägen unser Leben und unsere Lebensentscheidungen, unsere Gefühle und unsere Vorlieben und Abneigungen mit. Letztlich wirken zum Teil sogar die Erfahrungen und Regeln unserer gesamten Sippe, also der großen Gruppe von Menschen, mit denen wir durch die Jahrhunderte hinweg verwandt sind, noch immer auf uns ein und prägen unser Leben.

In meiner über 20-jährigen praktischen Erfahrung mit Familienstrukturen und in der Arbeit mit Genogrammen – also den grafischen Darstellungen von Ahnenreihen und Familienkonstellationen – ist mir immer wieder aufgefallen, dass das bewusste Aufspüren der Regeln in der eigenen Sippe sehr kraftvolle Veränderungsprozesse anstoßen kann, Blockaden löst und oft ein ganz neues Licht auf die Frage wirft, warum wir an manchen Punkten im Leben immer wieder die gleichen scheinbar unsinnigen Entscheidungen treffen, die gleichen Fehler machen, die gleichen Blockaden, Schwierigkeiten oder belastenden Konstellationen erleben. Bei sehr vielen meiner Klienten habe ich gesehen, wie sie durch die Arbeit am eigenen Genogramm bestimmte Selbstsabotagemechanismen loslassen und bisher immer wiederholte Verhaltensmuster hinter sich lassen konnten.

Anders als die meisten systemischen Schulen geht es in meinem Ansatz daher auch zentral um folgende These: In unserem Leben treibt uns unbewusst der Wunsch, zu unserer eigenen Familie und auch zu unserer weiteren Sippe dazuzugehören. Dieser Wunsch nach Nähe und Zugehörigkeit beeinflusst uns so stark, dass wir dafür zum Teil in lebenslangen Ambivalenzen leben, uns viel häufiger, als wir vermuten, gegen unsere persönliche Überzeugung, aber für die Norm der Sippe entscheiden oder uns in unserem gesamten Lebensweg unbewusst von der Frage leiten lassen, ob er letztlich zu den Zielen, Normen und Werten unserer Ahnen passt.

Dass Arztkinder selbst wieder Ärzte werden, obwohl sie vielleicht auch noch andere Berufswünsche hätten, ist da eher ein plakatives Beispiel. Ein anderes Muster findet man häufig bei Akademikerinnen, die als erste und einzige Frauen ihrer gesamten Familie studieren oder beruflich erfolgreich sind. Sie leiden oft unter großen Unsicherheiten, glauben, dass sie ihren Erfolg nicht verdient haben, bleiben oft lebenslang trotz bester Leistungen scheu und defensiv und können das, was sie sich im Leben erarbeitet haben, auch nicht genießen. Dieses sogenannte Hochstapler-Syndrom wurde in mehreren Studien untersucht und seine Existenz wurde besonders bei erfolgreichen Frauen aus Nicht-Akademikerfamilien bestätigt.[1] Auch in meiner Arbeit mit Familiendynamiken begegnet mir diese Konstellation immer wieder: Frauen, die als Einzige in der Familie studieren, sind durch die »einsame Spitze« verunsichert, fühlen sich häufig gebremst und entscheiden sich dann irgendwann scheinbar aus einem reinen »Bauchgefühl« gegen einen noch weiteren Karriereschritt. Bei manchen mag echte Intuition dahinterstecken. Bei einigen ist der unbewusste Druck, sich zu weit von der eigenen Familie zu entfernen, einfach zu massiv geworden. Und zwar auch dann, wenn sie von ihren Eltern und ihrer Familie im Alltag wohlwollend bestärkt werden. Oft wirkt eine rein irrationale Angst, aus der eigenen Sippe zu fallen, wenn man anders ist als die anderen.

Diese Sichtweise ist für viele Menschen spannend und schlüssig, für andere erst einmal gewöhnungsbedürftig und ein wenig unlogisch. Im Laufe des Buches erkläre ich deshalb zunächst grundsätzlich, welche Mechanismen in der Sippe meiner Auffassung nach wirken, und lege außerdem dar, welche Dynamiken und Muster mir in der Arbeit mit Genogrammen immer wieder begegnet sind. Ich werde mit zahlreichen Beispielen aus meiner Praxis arbeiten, aber auch wissenschaftliche Erkenntnisse hinzuziehen und so ergänzende und erweiternde Schlaglichter auf andere, verwandte Disziplinen und Denkschulen werfen. In einem ersten Teil werde ich in drei kurzen Kapiteln einen Überblick über die grundlegenden Annahmen meines Ansatzes zu Sippen, Familien und den dort wirkenden Prinzipien geben.

Dabei geht es im ersten Kapitel ganz grundlegend um die Wirkung von Sippenstrukturen auf einzelne Personen und um einen der beherrschenden Schlüsselsätze in allen Sippen, nämlich: »Bist du anders, bist du tot.«

Im Kapitel zwei dreht sich dann alles um die Frage, warum wir in unserem Handeln oft nicht klar und rational sind, sondern uns von unbewussten Impulsen leiten lassen. So sehr, dass wir zum Teil beinahe wie fremdgesteuert handeln, etwa, wenn wir eine gute berufliche Chance oder Kontaktangebote von Menschen, die wir eigentlich anziehend finden, nicht wahrnehmen. In diesem Kapitel wird es auch darum gehen, wie man dieses unbewusste Handeln verändern kann.

Im Kapitel drei stelle ich zunächst ein paar Grundsätze aus der Genogrammarbeit vor und beleuchte, woher das Arbeiten mit dem

Genogramm kommt und wie es heute genutzt wird. Ich zeige auch, wie man selbst solche Familienstammbäume aufzeichnen kann und sich so auch als Laie zumindest einen ersten Eindruck über die eigene Familie und die dort wirkenden Dynamiken verschaffen kann. In einem Extrakasten stelle ich auch meine konkrete Arbeitsweise dar und skizziere den Ablauf einer typischen Beratungssitzung.

Auf diesen kurzen, eher theoretischen Teil folgt ein Teil mit Fallbeispielen (Teil zwei: Belastungen und Blockaden überwinden). Ich umreiße dort verschiedenste Lebenssituationen und beleuchte, welche Genogramm-Konstellationen sich dahinter typischerweise verbergen können. Es geht etwa um die Bedeutung der Herkunft für den eigenen Berufsweg und für die Qualität der eigenen Beziehungen, den Einfluss des Genogramms auf die Befindlichkeit von Kindern. Weiter werde ich anhand von Beispielen zeigen, wie sich Adoptionen und Patchwork-Konstellationen auf Einzelne und auf das Familiensystem auswirken können, warum sich bestimmte Marotten und ernste Probleme wie eine Neigung zur Sucht oder zur Gewalttätigkeit anscheinend in manchen Familien immer weiter »vererben«. Es wird hier auch ein Unterkapitel zu dem Thema geben, wie die Erlebnisse unserer Eltern, Großeltern und Urgroßeltern während der Weltkriege unser Leben, Denken und Fühlen bis heute beeinflussen.

Dieser ausführliche Praxisteil ist das Herzstück des Buchs und dient natürlich auch dazu, dass Sie selbst ein Gefühl dafür bekommen können, wie Ihr Genogramm und Ihre Lebenssituation miteinander zusammenhängen könnten. Dabei hilft das Verstehen und Erkennen von solchen tiefen Mustern häufig schon, die damit verbundenen Blockaden und Mechanismen zu schwächen und den Grundstein für die Entwicklung von neuen Verhaltensweisen zu legen.

In einem abschließenden Ausblick beschreibe ich, welche Möglichkeiten es gibt, sich aus den festen Sippenmustern zu verabschieden. Und wie man ein selbstbestimmtes Leben führen kann – obwohl man sich der Tatsache bewusst ist, dass unsere Familien uns manchmal stärker prägen, beeinflussen und belasten, als uns das lieb ist.

Eins ist mir dabei ganz wichtig: Ich möchte, dass Sie aus dem Buch mehr Freiheit für sich selbst, mehr Unabhängigkeit von alten Mustern gewinnen, besser verstehen, welche Automatismen und Einflussfaktoren aus der eigenen Sippe Ihr Leben bisher mit geprägt haben. Dass man sich zwischendurch von den zum Teil plötzlich übermächtig wirkenden Familienkonstellationen ungut vereinnahmt fühlt, ist nur eine Phase des Prozesses und geht im Laufe des Erkenntnisprozesses vorüber. Wer in das Thema eintaucht, mit den Dynamiken im Familiensystem und in der Sippe arbeitet, fühlt sich irgendwann nicht nur freier – sondern oft auch entspannter und energievoller. In diesem Sinne wünsche ich Ihnen viel Freude beim Lesen des Buches und bei den Erkenntnissen, die Sie gewinnen werden.

Mit einem herzlichen Gruß

Ihre Rosa Rechtsteiner

TEIL EINS
Einflüsse und Prägungen der Familie und Sippe verstehen

1. Kapitel: Die Gleichmacher – warum wir an unsere Sippe fester gebunden sind, als wir es für möglich halten

Lukas ist vor Kurzem zehn Jahre alt geworden. Ein großäugiger, aufgeweckter Junge mit braunen, verstrubbelten Haaren und Sommersprossen. Vor ein paar Monaten ist er in die vierte Klasse gekommen. Bisher war er ein guter Schüler, einer der stärksten in der Klasse: Aufgeweckt, vielleicht etwas hibbelig, versteht er meist schnell, was im Unterricht gefragt ist, egal ob in Mathe, Deutsch oder Sachkunde. Beim Elterngespräch zum Ende der dritten Klasse, als es um die Wahl der weiterführenden Schule geht, spricht Lukas' Lehrerin den Eltern gegenüber jedenfalls eine ganz klare Gymnasialempfehlung aus. Lukas und seine Eltern freuen sich über diese positive Rückmeldung sehr. Doch ein paar Wochen nach diesem Gespräch verändert sich Lukas' Verhalten in der Schule plötzlich, seine Leistungen fangen an, sich zu verschlechtern: Rechnen, bisher immer sein Lieblingsfach, kommt ihm plötzlich zu schwer vor, er kann sich nicht mehr konzentrieren, kapiert nach eigenen Angaben »auf einmal gar nichts mehr«. In Deutsch macht er lauter Flüchtigkeitsfehler und auch im Sachunterricht beteiligt er sich kaum noch. Seiner Mutter gegenüber sagt Lukas, er wisse auch nicht, was los sei, er habe irgendwie so einen Nebel im Kopf. Die Mutter ist ratlos. Erst denkt sie, ihr sonst so gut orientierter Sohn wird vielleicht einfach krank, bekommt eine dicke Erkältung oder sonst einen Virus. Dann überlegt sie sich, ob die Konzentrationsstörungen vielleicht eine Art vorpubertärer Schub sein könnten, von dem haben ihr schon einige andere Mütter aus dem Umfeld berichtet. Insgeheim fürchtet Lukas' Mutter aber sogar, dass es vielleicht doch eine Störung wie ADHS sein könnte, denn ein solches Aufmerksamkeitsdefizit wurde zumindest bei zwei Kindern im weiteren Familienkreis eindeutig diagnostiziert. Außerdem macht sich die Mutter Sorgen, ob Lukas mit diesem neuen, merkwürdigen Verhalten den Anforderungen eines Gymnasiums gewachsen sein wird, und überlegt bereits, ob sie ihren Sohn vielleicht doch erst mal an der Realschule anmelden soll.

Was verbirgt sich hinter der Konzentrationsschwäche?

In dieser Situation kommen Lukas und seine Mutter zu mir in die Beratung, mit dem dringlichen Wunsch, dass ich mit Lukas an seinen Konzentrationsstörungen arbeite. Seit Beginn meiner Praxistätigkeit kommen immer wieder Schüler mit Konzentrations- oder Schulproblemen in die Praxis, mit denen ich in der Regel mit Gesprächen und Kinesiologie arbeite, zum Teil auch Genogramme und systemische Fragen in die Arbeit einbeziehe. Als Lukas und seine Mutter bei mir durch die Tür kamen, hatte ich also schon sehr viele verschiedene Schülerlebensgeschichten gesehen und gehört und entwickelte sofort das Gefühl, dass die Lernblockade mit der Familienkonstellation zusammenhängen könnte. Deshalb erstellte ich in der ersten Sitzung mit Hilfe der Mutter ein Genogramm, zeichnete also auf, in welchen Familienstrukturen Lukas mit seinen Eltern, Geschwistern, Onkeln, Tanten und Großeltern steht. Besonders interessierte mich, wer in der Sippe welchen Beruf ausübt und welche Schulabschlüsse die einzelnen Familienmitglieder in den letzten Generationen gemacht haben. Tatsächlich wurde in der Arbeit schnell deutlich, dass Lukas das erste Kind in seiner ganzen Familie sein würde, das ein Gymnasium besuchen, möglicherweise in der Zukunft sogar Akademiker werden könnte. Die Großeltern mütterlicherseits hatten im Bayerischen Wald eine kleine Gaststätte gehabt, die Mutter hat mit Ach und Krach den Hauptschulabschluss geschafft und eine Friseurlehre gemacht, Lukas' Vater hat gar keinen Schulabschluss und arbeitet als Hilfsarbeiter auf dem Bau, dessen Eltern waren ebenfalls ungelernte Arbeiter gewesen. Auch von den Urgroßeltern ist keine besondere Schulbildung bekannt, sie waren Waldarbeiter gewesen. Und auch unter seinen älteren Cousinen und Cousins ist kein einziges Familienmitglied auf dem Weg zu einem höheren Schulabschluss. Diese hatten von Beginn der Grundschulzeit an eher Probleme mit Aufmerksamkeit, Konzentration und Schulnoten und haben immer mal wieder erhöhten Förderbedarf in einzelnen Fächern.

Im Laufe der Beratungsstunde erarbeiten wir, dass diese Familienkonstellation für Lukas großen Stress verursacht: Als erste und einzige Person im System, die nach höherer Bildung strebt, steht er automatisch außen vor und ist isoliert von den anderen. Dieser vollkommen unbewusste Druck kann manchmal derart stark sein, dass ein Kind tatsächlich plötzlich anfängt, in der Schule schlechter zu werden. So war es jedenfalls bei Lukas. Sein Beweggrund bei diesem scheinbar selbstschädigenden Verhalten: Er tut in diesem Moment einfach alles, um nicht aus dem System seiner Familie und deren Lern- und Berufsgeschichte auszubrechen. Er will sich also eigentlich etwas Gutes tun, nämlich dazugehören, blockiert damit aber sich selbst und seine eigene Entwicklung. Ich stellte Mutter und Sohn gegenüber also zunächst mal die Vermutung an, dass Lukas durch diese Dynamik aus der Sippe plötzlich unbewusst in der Schule absackte. Die beiden näherten sich dieser Idee im Laufe der Sitzung immer mehr an und konnten schließlich viel damit anfangen. Um den Ausgang der Arbeit vorwegzunehmen: In den gemeinsamen zwei Sitzungen haben wir beinahe ausschließlich an dem Thema der Familienkonstellation und ihrer Wirkung auf Lukas gearbeitet und so sehr effektiv alte Verbote und Blockaden beseitigt, die vorher komplett im Dunkeln lagen. Auf Lukas wirkten Verbote und Ideen ein wie: »Wenn du das Abitur machst, gehörst du nicht zu uns«, oder: »Wenn du gut in der Schule bist und später beruflich erfolgreich bist, brichst du unsere Familientradition.«

Die Konzentrationsstörungen verschwanden komplett und er geht heute auf ein örtliches Gymnasium in die siebte Klasse, wo er zwar kein Überfliegerschüler ist, aber ganz gut mitkommt und auf jeden Fall an einem für ihn passenden Platz sitzt. Es ist zu erwarten, dass er an der Schule auch irgendwann sein Abitur machen wird.

Familienregeln: Was ist das überhaupt?

Das Beispiel von Lukas zeigt deutlich, dass es sich lohnt, sich gewisse Regeln, Verbote und Gesetze, die in Familien herrschen, genauer anzuschauen, da sie stark sind und uns oft sehr binden. Denn erst wenn uns solche Verstrickungen mit familiären Regeln bewusst werden, lässt das mehr persönliche Entwicklung und Wachstum zu. Die bekannte französische Psychotherapeutin Anne Ancelin Schützenberger ist etwa der Meinung, dass wir nur dann eine Veränderung im Leben erwirken können, wenn wir unsere Familienverstrickungen betrachten. Sie sagt: »Es ist besser, seine Geschichte zu kennen, als diese passiv zu erleiden.«[2]

Um besser zu verstehen, welch große Bedeutung solche ungeschriebenen Gesetze unter der Vielzahl der möglichen Verstrickungen in Familien haben, lohnt es sich, sie noch genauer zu betrachten. Es geht hier ja um Regeln, die in Familien nicht bewusst aufgestellt werden und die immer wieder verbal oder nonverbal vermittelt werden – und das letztlich über mehrere Generationen. Sogenannte transgenerational weitergegebene Sippensätze und Sippengesetze sind stark und in sie fließt das Wissen und die Erfahrungen unserer Eltern, Großeltern und Urahnen mit ein. Dabei sind die Gesetze zwar innerhalb einer Sippe meist stark und eindeutig, im Vergleich zwischen verschiedenen Familien können sie dagegen sehr, sehr unterschiedlich sein. In einem Adelsgeschlecht kann die Regel sein: »Wenn du einen Ausbildungsberuf ergreifst, bei dem du körperlich und mit den Händen arbeitest, bist du keiner von uns.« Dagegen lautet vielleicht in einer Familie von Handwerkern der Grundsatz: »Verlier bloß nie die Bodenhaftung im Job und arbeite möglichst ehrlich und mit den Händen.« Bezogen auf Beziehungen kann in einer Familie voller glücklicher Paare der Auftrag lauten: »Finde selbst auch eine glückliche Beziehung und erhalte sie, sonst gehörst du nicht hierher.« Und in einem Clan mit vielen unglücklichen, untreuen Elternpaaren kann – je nach der Position, die man selbst in der Familie einnimmt – die Regel auch lauten: »Um hier dazuzugehören, musst du eine schlechte und unfaire Beziehung führen.«

Das klingt ausgesprochen paradox, denn man könnte ja auch denken, dass in einer Familie nur Regeln weitergegeben werden, die zu Glück, Freude und Reichtum führen. Dennoch ticken Menschen so, dass sie vor allem die Regeln wiederholen, die im eigenen System bisher dominant sind. Sie folgen damit einer stammesgeschichtlichen Logik. Denn es gibt bei all den unterschiedlichen und zum Teil auch vertrackten und verschachtelten Familienregeln eine Art Gesetz, eine Regel hinter der Regel, die letztlich bei allen Familien gleich ist. Sie lautet: »Sei wie wir alle, verhalte dich wie wir alle – sonst wirst du verstoßen, sonst geht es dir schlecht.« Es geht bei dieser übergeordneten Regel (die man ja auch in Volksweisheiten wie »Blut ist dicker als Wasser« oder »Der Apfel fällt nicht weit vom Stamm« wiederfindet) übrigens nicht darum, ob eine Familie wirklich so grausam handeln würde und jemanden, der anders ist, verstößt. Dass beispielsweise die Familie des kleinen Lukas den Jungen in irgendeiner Weise ablehnen oder ausschließen würde, wenn er plötzlich aufs Gymnasium geht, ist zwar möglich, aber doch unwahrscheinlich. Doch die instinktive Angst, den Anschluss an die eigene Gruppe zu verlieren, ist dennoch da, sie lässt Menschen unbewusst oft all die Verhaltensweisen minimieren, mit denen sie möglicherweise ihre Position innerhalb der Familiengruppe verlieren könnten.

Mit der Logik von Steinzeitmenschen

Aber warum ist es für uns überhaupt so wichtig, dass wir immer nah bei anderen sind und zur eigenen Gruppe gehören? »Das Hauptbedürfnis des Menschen ist es, nicht isoliert zu sein oder allein dazustehen. Man will dazugehören und eine Heimat haben«, schreibt der Sozialwissenschaftler Frank Keuper in einem Standardwerk über Gruppenmechanismen in der Wirtschaft.[3] Diese Aussage lässt sich noch weiterdrehen: Wir sind Sippenwesen und deshalb instinktiv darauf gepolt, zur Gruppe dazuzugehören, dort Anerkennung und Schutz zu erfahren. Anthropologen wissen seit Jahrzehnten, dass Menschen extrem darauf angewiesen sind, mit anderen in Gemeinschaften zu leben, dass der Kontakt mit anderen nicht nur angenehm, sondern überlebenswichtig war und ist. Wer in einer Gruppe von Steinzeitmenschen lebte oder heute in einem Stamm im Dschungel oder in der Steppe, für den bedeutet das Zusammensein mit anderen Sicherheit und Leben. Das Alleinesein bedeutet dagegen Risiko, möglicherweise sogar Tod. Evolutionsbiologen und Anthropologen sind sich mittlerweile einig, dass auch heute noch unsere unbegründete Angst vor dem Alleinsein letztlich eine stammesgeschichtlich bedingte Angst vor dem Tod ist. Dazu passen Beobachtungsstudien, in denen gezeigt wurde, dass Stammesmitglieder, die aus ihrer Gruppe ausgestoßen werden und sich allein in der Wildnis durchschlagen müssen, oft eine Art Tod durch Isolation sterben.[4] Das heißt, sie sterben nicht, weil sie ohne die Gruppe nicht genug Nahrung finden oder von wilden Tieren bedroht sind, sondern sie sterben schon nach kurzer Zeit, weil sie allein sind. Sie fügen sich also quasi in ihr Schicksal, dass sie ohne Gruppe nicht leben können. Auch wenn solche Beobachtungsstudien Einzelfälle schildern, ist die Möglichkeit eines Todes durch soziale Isolation auch für viele Menschen in Industrienationen zumindest fühlbar. Der Wunsch, zu den anderen zu gehören, ist also fest in uns verankert, gehört zu unserem festen Motiv- und Verhaltensrepertoire.

»Unser Bedürfnis nach Vernetzung ist zumindest teilweise genetisch bedingt«, sagt Nicholas Christakis, Professor für Sozialwissenschaften an der Universität Yale.[5] Der renommierte Forscher konnte in mehreren Studien belegen (er führte Versuchsreihen über mehrere Jahre zu dieser Fragestellung durch), dass Menschen nicht nur soziale Wesen sind, sondern sich auch bei der eigenen Ausrichtung von Werten, Moden und Verhaltensweisen streng an ihren Verwandten und zum Teil auch an ihren besten Freunden orientieren. Das geht so weit, dass Menschen, die sich verwandtschaftlich nahestehen, häufiger schlechte Gewohnheiten wie rauchen oder zu viel essen untereinander weitergeben.[6] Auch positive Verhaltensweisen wie sportliche Aktivitäten und ein gewisses Gesundheitsbewusstsein setzen sich innerhalb von engen Netzwerken und vor allem innerhalb von Familienbanden fort.

Bezogen auf unsere eigene Familie und ihre Gesetze kann aus solchen Studien aus der Anthropologie und den Sozialwissenschaften gefolgert werden, dass wir häufig immer noch unbewusst nach dem Grundsatz handeln, unbedingt zu den anderen dazugehören zu müssen und zu wollen. Wenn ich es bei Klienten auf den Punkt bringen will, dann spreche ich häufig davon, dass wir letztlich nach der aus der Steinzeit stammenden und instinktiven Devise »Bist du anders, bist du tot« handeln. Dieser Satz ist eine starke Leitlinie für das, was uns in unseren Sippen und Familien zusammenhält.

Dass die Angst vor dem Ausgestoßensein uns heute immer noch antreibt, unser Handeln und unsere Entscheidungen beeinflusst, ist zum Teil nur schwer vorstellbar. Evolutionsbiologische Forschungen sind in anderen Bereichen viel leichter nachvollziehbar, zum Beispiel wenn es um die Unterschiede zwischen Männern und Frauen (Männer jagen und sammeln, Frauen versorgen die Familie) oder um instinktive Flucht- und Kampfreaktionen geht. Es ist bekannt, dass unser Körper in Stresssituationen, etwa im Job oder in der Beziehung, immer noch so reagiert, als würde er gerade einem Säbelzahntiger gegenüberstehen, nämlich mit der Bereitstellung von Energie zur Flucht oder zum Angriff. Die Auswirkungen, die das ebenfalls evolutionär vererbte Anschlussmotiv auf uns hat, werden dagegen oft nur unterschwellig spürbar. Wenn wir etwa auf einer Party mit niemandem ins Gespräch kommen und uns das über die Maßen aufwühlt und alarmiert. Oder wenn wir uns in der Familie an Weihnachten dem Gruppenkonsens beugen und »im großen Kreis« feiern, obwohl wir eigentlich ein Bedürfnis nach Ruhe und einer Feier im kleinen Kreis hätten – beispielsweise nur mit dem Partner.

Dass wir so stark auf die Gesetze und das Überleben der eigenen Sippe gepolt sind, scheint wenig zeitgemäß. Und erst, wenn wir genau darüber nachdenken oder Lebensentscheidungen überdenken, merken wir, wie oft wir letztlich so handeln, wie unsere Familie es tun würde oder wie sie es von uns erwartet. Wie oft wir Berufe ergreifen, die denen unserer Eltern, Großeltern, Urgroßeltern eben doch ein wenig ähneln oder einen in etwa vergleichbaren gesellschaftlichen Status ermöglichen. Und wer kennt nicht das Gefühl, sich in bestimmen Beziehungskonstellationen zu befinden, die denen unserer eigenen Eltern oder Großeltern auf beinahe gespenstische Weise ähneln. Hier sind nicht nur psychologische Mechanismen wie das Lernen am Modell am Werk, sondern auf jeden Fall auch die unausgesprochenen Sippenregeln.

Dabei darf man den Satz »Bist du anders, bist du tot« übrigens nicht so verstehen, dass die anderen sich uns gegenüber bewusst nach diesem Satz verhalten. Aber wenn man anfängt die Dynamik genauer zu betrachten, beobachtet man häufig, dass im Grunde die gesamte Familie auf genau diesen einen Satz gepolt ist und sehr häufig danach handelt.

Was passiert, wenn wir es doch ganz anders machen als die anderen

Sehr häufig, werden Sie jetzt sagen, machen Menschen aber auch etwas ganz anderes, als von ihrer Familie vorgezeichnet wurde. Und das stimmt natürlich auch. Ich habe allerdings oft bei Klienten erlebt, dass sie zwar durchaus Lebensentwürfe, Wünsche und Erfolge hatten, die komplett entgegengesetzt zu den Normen der eigenen Sippe waren, und meistens waren diese Menschen auch langfristig glücklicher und erfolgreicher als andere in ihrer Familie. Doch trifft man dann bei diesen Leuten unterschwellig auf eine gewisse Unruhe oder Unsicherheit, quasi eine Angst, dass man das Glück wieder weggenommen bekommt, oder auf ein Schuldgefühl, das Glück nicht verdient zu haben. Auch wenn viele Menschen, die das schildern, nicht weiter darüber nachdenken, woher dieses Schuldgefühl kommt: Häufig kann man es aus der Familiengeschichte herleiten. Und oft lautet der dahinterliegende Satz: »Ich fühle mich schuldig, weil es mir besser geht oder ich mehr Erfolg habe als mein Vater, meine Mutter oder andere Menschen in meiner Familie.« Oder, um es noch simpler zu sagen: »Ich fühle mich schuldig, weil ich Unruhe und Disharmonie in unser Familiensystem bringe und andere damit belaste.«

In dem Zusammenhang fällt mir Stefan ein, Chef einer kleinen Werbeagentur in Stuttgart. Der zupackende und smarte Enddreißiger hat sich in den letzten Jahrzehnten viel aufgebaut. Er ist zusammen mit seiner jüngeren Schwester bei seiner alleinerziehenden Mutter aufgewachsen, die als Sekretärin arbeitete und beide Kinder mit ihrem mageren Gehalt durchbrachte. Der Vater, der sich um die Kinder nach der Scheidung der Eltern nicht kümmerte, ist depressiv und frühberentet und lebt in Berlin, Stefan hat bis auf gelegentliche Telefonate kaum etwas mit ihm zu tun. Schon während seines BWL-Studiums in Mannheim hatten die beiden kaum noch Kontakt. Jetzt ist Stefan nicht nur im Beruf erfolgreich, vor drei Jahren hat er auch eine Frau kennengelernt, die er liebt und die er im letzten Jahr geheiratet hat. Stefans Frau ist Juristin, arbeitet halbtags, eigentlich wünschen die beiden sich jetzt auch bald eigene Kinder. Das Glück scheint perfekt, aber wenige Wochen nach den Flitterwochen fängt das Paar an, sich immer häufiger zu streiten. Stefan nervt plötzlich die komplizierte, verkopfte Art seiner Frau, die aus einer alteingesessenen Juristenfamilie stammt. Immer häufiger bezeichnet er sie als divenhaft und umständlich, sie wehrt sich entsprechend, zieht sich sexuell zurück und klagt gleichzeitg, dass die beiden doch eigentlich jetzt ein Baby wollen. Der Konflikt spitzt sich zu. Als Stefan auf Empfehlung eines Freundes in meine Praxis kommt, sagt er selbst, er habe »das Gefühl, dass er eine Kettenreaktion ausgelöst hat«. Die Krise mit seiner Frau begann mit einem Miniproblem und hat sich in wenigen Wochen zu einem so großen Konflikt hochgeschaukelt, dass mittlerweile sogar eine Trennung im Raum steht. Dazu kommt noch, dass Stefan eine junge, gut aussehende Sekretärin hat, von der er sich plötzlich angezogen fühlt. Auch wenn er seine Frau nicht betrügen würde: Stefan hat das Gefühl, als würde ihn irgendetwas dazu treiben, von seiner Frau wegzudriften, vielleicht sogar die Beziehung zu zerstören.

Dieses Gefühl, nach einer guten Phase wie aus heiterem Himmel nach destruktiven Impulsen zu handeln, schildern viele Klienten. Sie hadern plötzlich mit ihren Beziehungen, Jobs oder tiefen Freundschaften. Ähnlich wie Stefan registrieren viele anfangs noch, dass sie sich gerade selbst eine Falle stellen. Aber nachdem sich der Konflikt erst mal ein paar Wochen hochgeschaukelt hat, kann man ihn so leicht nicht mehr aufhalten. Und man verliert aus den Augen, dass man ihn anfangs möglicherweise auch mutwillig initiiert hat.

In den Sitzungen mit Stefan haben wir rasch erarbeitet, dass er aufgrund der Konstellation in seiner Kernfamilie eigentlich nicht glücklich und erfolgreich sein darf, wenn er dazugehören will. Keiner in seiner engsten Sippe ist geschäftstüchtig, keiner verdient so viel Geld wie er. Schon diese Konstellation würde ausreichen, um Stefan das ständige Gefühl von Schuld zu geben – und das Gefühl, er müsse seinen Eltern gegenüber, die ja eher ein leidvolles und schwieriges Leben hatten, irgendwas wiedergutmachen. Mit einer erfolgreichen Selbstständigkeit allein hat Stefan den Druck, anders und erfolgreicher zu sein als seine Familie, noch ausgehalten. Als er sich allerdings auch noch verliebte und heiratete, wurden die Schuldgefühle gegen seine Sippe, vor allem gegen Mutter und Vater, für ihn zu groß. Unbewusst musste Stefan, wenn er weiterhin zur eigenen Familie gehören wollte, mit seiner Frau Streit anfangen und eine unglückliche Beziehung führen, in letzter Konsequenz sogar auf eine Scheidung hinarbeiten.

Wir arbeiteten bei den verschiedenen Treffen an der unbewussten Familienregel: »Ich gehöre nur zu meiner Familie, wenn ich in der Liebe unglücklich bin.« Stefan formulierte für sich dann noch als Erkenntnissatz: »Ich habe Erfolg im Beruf und bin glücklich in der Liebe – und gehöre dennoch zu euch.« Nach diesen Sitzungen – ich werde im Praxisteil noch genauer erklären, wie ich in meinen Beratungssitzungen vorgehe – wurden die Streitereien zwischen Stefan und seiner Frau langsam weniger und lösten sich irgendwann ganz auf.

Das scheinbar paradoxe Verhalten von Stefan – sein Liebesglück zu zerstören, weil er ja bereits beruflich erfolgreich ist – ist eine typische Ausgleichsreaktion, die auch in der systemischen Therapie häufig beschrieben wird: Jemand will die Harmonie wieder ins Familiensystem bringen, indem er versucht, ein gewisses Maß an Leid auf sich zu nehmen, um ähnlich viel Schmerz zu erfahren wie die eigenen Eltern.

Der renommierte ungarische Psychotherapeut Ivan Boszormenyi-Nagy war einer der Ersten, der mit Begriffen wie Gerechtigkeitsausgleich und Loyalität in Familiensystemen operierte und dessen Thesen aus den 60er- und 70er-Jahren heute zu den Standards der Familienaufstellungsarbeit gehören. Seine Idee war es, dass wir in unserer Familie innerlich Buch führen über Geben und Nehmen. Eltern geben ihren Kindern überaus viel, deshalb sind Kinder den Eltern gegenüber in einer Art »Schuld«, die sie auszugleichen versuchen. Ziel aller Familienmitglieder, so auch der Kinder, ist es, eine Balance zwischen Geben und Nehmen herzustellen. Dabei kann es vorkommen, dass sich ein Familienmitglied selbstzerstörerisch und irrational verhält, um die Schuld auszugleichen, die entsteht, wenn es ihm im eigenen Leben viel besser geht als den Eltern.[7]

Stefan ist für diese Theorie ein Paradebeispiel. Erst als er erkannt hat, wie stark der Einfluss seiner Schuldgefühle den Eltern gegenüber ist, konnte er sich von dem selbstzerstörerischen Sog befreien, den ständigen Zank mit seiner Ehefrau beilegen, wieder harmonischer und ruhiger mit ihr leben.

Dass Menschen irgendwann das Gefühl haben, dass sie zu viel Glück, Erfolg und Liebe in ihrem Leben haben, erscheint ebenfalls erst mal als eine seltsame Vorstellung. Denn: Wollen wir nicht alle einfach nur rundherum glücklich sein? Dennoch haben mittlerweile viele Therapeuten und Psychologen dieses Phänomen erkannt und benennen es in ihren Ratgebern und Sachbüchern. Die renommierte Berliner Coachin Petra Bock beschreibt diesen Mechanismus etwa in ihrem Bestseller »Mindfuck«[8]. Und der kalifornische Berater und Therapeut Gay Hendricks hat dem Phänomen sogar ein ganzes Buch gewidmet, mit dem Titel: »Lebe dein Leben, bevor es andere für dich tun«. Er nennt es das Oberlimit-Syndrom und bezeichnet damit seine Beobachtung, dass es für viele Menschen eine Art innere Schallgrenze von Glück und Erfolg gibt.[9] Hendricks geht davon aus, dass Menschen sich nach besonders guten Phasen im Leben, beispielsweise wenn sie mehr Geld verdient haben als sonst oder eine besonders glückliche Zeit in ihrer Beziehung erlebt haben, mit selbst inszenierten miesen Gefühlen und Selbstsabotage-Akten wieder auf den gewohnten Status quo zurückregeln. Dann sitzen sie wieder zwischen Baum und Borke in einem Halb-Glück-halb-Unglück-Zustand, aber sie sind wieder im gewohnten Terrain angekommen. Auch für ihn liegt die Wurzel dieses zurückregulierenden Verhaltens häufig darin, dass man Menschen in der eigenen Familie nicht wehtun will, sie nicht überflügeln und beleidigen will, sondern lieber solidarisch an ihrer Seite bleibt und sich unglücklich fühlt.

Meiner eigenen Erfahrung nach ist schon der Moment, in dem man sich aufmerksam mit diesen Zusammenhängen beschäftigt, sehr erhellend. Noch befreiender ist es, wenn man das eigene Genogramm genauer anschaut und versteht, welche Zusammenhänge in der Familie in welcher eigenen Lebensphase genau dazu führen, dass man ein schlechtes Gewissen hat oder ständig einen Ausgleich schaffen will.

So war es auch bei Stefan: Er hat zunächst grundsätzlich erkannt, dass eine glückliche Liebe und eine florierende Firma anscheinend zu viel des Guten für sein Unbewusstes waren. Bei genauerer Beschäftigung mit seinen Eltern, Großeltern und Urgroßeltern hat er auch verstanden, dass Scheidung in der Familie eine große Rolle spielte. Schon die Großmutter väterlicherseits war alleinerziehend und auch in vorhergehenden Generationen gab es mehrere frühe Trennungen. Durch sein Genogramm wurde Stefan also quasi vorgezeichnet, dass er sich von seiner Frau wieder würde trennen müssen, wenn er zum Familiensystem gehören will – denn in dieser

Familie trennt man sich für gewöhnlich wieder. Es herrscht das Familiengesetz: »Wenn in einer Ehe Kinder kommen, dann geht die Beziehung bald darauf in die Brüche.« Deshalb war der Moment, in dem Stefan und seine Frau anfingen über Kinder nachzudenken, letztlich der Auslöser für die starke destruktive Reaktion, mit der Stefan quasi für die Familienlogik die Reißleine ziehen wollte. Auch diese Erkenntnis hat ihm sehr weitergeholfen. Er hat sich mit dem Thema »eigene Kinder haben« und mit den Blockaden rund um diese Frage beschäftigt und ist heute bereit, bald selbst Vater zu werden. Warten wir ab, was passiert.

Moment mal: Heißt das, wir haben unser Leben nicht in der Hand?

Loyalität mit den Eltern, Solidarität mit der Sippe und ein großes Maß an fremdbestimmtem Handeln nach der Devise »Bloß nicht aus der Sippe rausfallen«: Das klingt alles schon ein wenig deprimierend, wenn man sich zum ersten Mal damit beschäftigt. Wenn ich auf Vorträgen, Infoabenden oder in meinen Ausbildungsgruppen diese Mechanismen und Modelle das erste Mal vorstelle, reagieren die meisten Zuhörer einerseits fasziniert und zustimmend, andererseits skeptisch. »Heißt das denn, dass wir keinen freien Willen haben?«, werde ich oft gefragt. Oder auch: »Können wir nicht selbst entscheiden, wer wir sein wollen?« Die Sache ist: Natürlich können wir das. Es ist meiner Meinung nach aber trotzdem so, dass uns die Familienbande und die Sippenverstrickungen immer und in jeder Lebenslage viel mehr in den Bann ziehen und beeinflussen, als wir es denken und wahrhaben wollen. Natürlich gibt es Millionen Menschen wie Stefan, die ihr eigenes Leben aufbauen, das sich komplett von dem der eigenen Eltern und Großeltern unterscheidet. Sonst gäbe es ja keine Wandlungen, keine Aufsteigergeschichten und keine Menschen, die Werte der eigenen Familie hinterfragen und ganz andere Wege gehen. Bruno Hildenbrand, Professor für Sozialisationstheorie an der Universität Jena und Ausbilder im Bereich systemische Therapie, zitiert dazu in seinem Buch »Einführung in die Genogrammarbeit« einen Satz von George Herbert Mead: »Das Neue folgt – wenn es in Erscheinung tritt – immer aus der Vergangenheit, doch bevor es auftritt, folgt es per definitionem nicht aus der Vergangenheit.«[10] Das heißt also, dass Menschen immer wieder neue Wege finden, die »eigentlich« nicht zum eigenen Genogramm passen. Guckt man aber daraufhin genauer in die Familiengeschichte, findet man meist doch irgendeine Spur in der Vergangenheit und in den Konstellationen der Sippe, auf die man vorher nicht gekommen wäre, die man für komplett nebensächlich erachtet hat – die aber die Geburt von etwas Neuem quasi mit unterstützt haben. Sogar der neue Weg lässt sich also oft aus der Vergangenheit erklären, auch wenn er nicht offensichtlich war.

Dennoch merken viele der Menschen, die in der eigenen Sippe neue Wege gehen, dass manche große Schritte sehr viel Kraft kosten und unterschwellig sehr viel Druck und Stress machen. Von einem Gefühl von Druck und Belastung berichten viele meiner Klienten auch bei Entwicklungen, die von außen betrachtet sehr positiv sind und oft mehr Freiheit, Reichtum, Einfluss bedeuten. Auch eine positive Entwicklung muss man oft also erst einmal aushalten und annehmen lernen. Der kleine Lukas wird das im Nachhinein vielleicht ebenfalls bestätigen können, auch wenn er mit seinen zehn Jahren heute noch nicht bewusst darüber reflektieren kann. Und ein erfolgreicher Unternehmer aus sogenannten kleinen Verhältnissen wie Stefan wird das ebenfalls gelegentlich so empfinden.

Vielleicht kennen Sie auch selbst diese Momente, in denen Sie merken, dass eine Entwicklung, die Sie sich lange gewünscht haben, erst mal auch großen Stress bedeutet. Oder Sie kennen diese Dynamik gar nicht und denken jetzt: Komisch, warum merke ich denn gar nichts von diesem anscheinend ach so großen Druck? Darauf gibt es mehrere Antworten. Erstens: Sie haben den Stress wirklich nicht, dann freuen Sie sich einfach. Zweitens: Die Mechanismen laufen im Unbewussten ab. Aber warum hat dieses schon von Sigmund Freud hinlänglich beleuchtete Unbewusste immer noch so einen großen und unbemerkten Einfluss auf uns? Und wie können wir uns sein Wirken im Alltag vorstellen und damit umgehen? Mit diesen Fragen beschäftigt sich das folgende Kapitel.

2. Kapitel: Das Unbewusste ist Chef oder: Warum wir so häufig nicht handeln, wie wir uns das wünschen und vorgenommen haben

Was wünschen sich Eltern für Ihre Kinder? Richtig, eigentlich immer nur das Beste, und das von Herzen. So geht es auch Müttern wie der von Lukas, dem guten Schüler aus Kapitel eins, der aufs Gymnasium gehen sollte und plötzlich wie aus heiterem Himmel in den Leistungen absackte. Die Mutter, 35, als Friseurin immer farbig und modebewusst gekleidet, wirkt auf den ersten Blick gesellig und herzlich und geht auch mit ihrem Sohn freundlich und warm um. Gleich beim ersten Treffen berichtet sie ein wenig aufgeregt und atemlos, wie viel Stress es ihr innerlich macht, dass ihr Junge nun plötzlich so schlecht in der Schule ist. Für sie, so scheint es ihr, kann es im Moment nichts Belastenderes geben als diesen plötzlichen und unerklärlichen Leistungsabfall. Tatsächlich erscheint Lukas' Mutter die letzte Zeit als eine einzige Krise, sie schläft schlecht, macht sich dauernd Sorgen, steht auch bei der Arbeit plötzlich mehr unter Druck als vorher. Auch wenn Lukas' Mutter das vordergründig tatsächlich so empfindet, interessiert es mich, wie es ihr auf einer tieferen Ebene mit der Situation ihres Sohnes geht, wie sie also unbewusst dazu steht.

In der kinesiologischen Praxis testet man Stress und unbewusste Spannung mit dem sogenannten Muskeltest, einem Diagnoseinstrument, das um 1960 von George Goodheart entwickelt wurde. Getestet wird meist der Oberarmmuskel: Der Klient streckt den Arm aus, und man »testet« einen bestimmten Satz aus, zum Beispiel: »Mir geht es gut, weil mein Kind gut in der Schule ist.« Wenn man gegen den Arm drückt und dieser sinkt, macht dem Klienten der Satz tendenziell Stress. Wenn der Arm stabil bleibt, ist der Stress im Körper eher gering. Ich möchte hier ganz kurz darauf hinweisen, dass ich als ausgebildete Kinesiologin gute Erfahrung mit diesem Test gemacht habe, wenn es um Stress und psychologische Krisen geht. Ich nutzte den Muskeltest oft als ersten Anhaltspunkt, wie eine Person auf bestimmte Fragen und Sätze reagiert, wie sie zu verschiedenen Spannungen und Beziehungen im Genogramm ihrer Sippe innerlich steht.

In der ersten Sitzung mit Lukas' Mutter teste ich also verschiedene Fragestellungen, die ihre Familienkonstellation betreffen. Es stellt sich heraus, dass die Mutter auf den Satz »Mein Sohn ist gut in der Schule und macht mir keinerlei Probleme« mit extremem Stress reagiert – ihr Arm gibt sofort nach und lässt sich nach unten drücken. Bei dem Satz »Mein Sohn ist schlecht in der Schule und schafft es nicht aufs Gymnasium« dagegen bleibt der Arm stabil, im Körper beziehungsweise im Familiensystem ist kein Stress, sondern Ruhe. Als einer von mehreren Anhaltspunkten zeigt der Test also relativ eindeutig, dass Lukas' Mutter sich zwar auf einer bewussten Ebene Sorgen macht und leidet, wenn ihr Sohn in der Schule absackt, auf einer tiefen und unbewussten Ebene ist die Vorstellung für sie aber eine Beruhigung und »genau richtig« für das System. Denn wenn Lukas nicht aufs Gymnasium geht, gibt es keine Veränderung in der Familie, alle bleiben auf der Ebene des Handwerks und der, wenn überhaupt, mittleren Schulbildung, das bewährte System setzt sich durch – die Mutter muss keine Sorgen haben, dass ihr Sohn sich zu weit von der Sippe entfernt. Dass Lukas ein so guter Schüler sein könnte, dass er über das Familiensystem hinauswächst, machte ihr und dem System, in das sie gehörte, dagegen sehr viel Stress und Angst.

Wenn Mütter wie die von Lukas hören, dass es sie »in Wirklichkeit« stresst, wenn es ihrem Kind gut geht und es sich über das bisherige System hinaus entfaltet, fühlen sie sich oft erst einmal schlecht. Sie halten sich für gehässige, herzlose Mütter, für Heuchlerinnen oder für völlig neurotisch. Dabei ist nichts davon der Fall, nichts davon zutreffend. Vielmehr geht es darum, dass Mütter wie die von Lukas unbewusst schlicht der Logik des Familiensystems folgen und versuchen, die Sippentradition etwa in Bezug auf Bildung und Schulerfolg fortzuführen. Denn wenn jemand anders ist als die anderen, ist er in Gefahr ausgeschlossen zu werden – so die ganz tiefe, instinktive Regel, die wir alle in uns haben (siehe Kapitel eins). Im Fall von Lukas würde es ihr – und allen anderen in der Sippe – weniger Probleme machen, wenn ihr Sohn mit seinem Lebensentwurf in »ihrer Nähe« bleiben würde, also im besten Fall eine Ausbildung machen würde oder sogar, wie der Vater, ungelernter Arbeiter werden würde. Wenn das der Fall wäre, würde alles »bleiben wie bisher« und das System bliebe quasi im Gleichgewicht. Mütter wie die von Lukas empfinden nicht so, weil sie ihrem Kind den Erfolg nicht gönnen oder nicht wirklich sein Bestes wollen – sie sind vielmehr unbewusst in komplizierte familiäre Kräfte rund um Loyalität, Solidarität und Wiederholung des immer Gleichen verstrickt. In meiner Praxis habe ich gesehen, dass es sehr vielen Müttern so geht, wenn ihr Kind Symptome entwickelt, die eigentlich besorgniserregend sind, die aber das System stabilisieren. Je länger ich mit Klienten arbeite, desto mehr sehe ich, wie die Sippenkonstellation sich im Unbewussten niederschlägt und es beeinflusst. Eine erweiterte Sicht auf den Begriff des Unbewussten ist daher meiner Meinung nach aufschlussreich.

Eine neue Sicht auf das Unbewusste

Seit Sigmund Freud vor mehr als hundert Jahren den Begriff des Unbewussten entwickelte und uns nahebrachte, ist natürlich schon einiges in unseren Köpfen passiert. Dass es so etwas wie unbewusste Impulse, Triebe und Bedürfnisse gibt, dass wir nicht nur die Personen sind, die wir nach außen hin vorgeben zu sein, sondern auch eine Schattenseite haben, in der es Ängste, Brutalitäten und Gelüste gibt, die wir zum Teil nur ahnen, gehört für uns heute zum Konsens, zur Allgemeinbildung. Wir wissen heute also alle recht genau, dass alles, was wir denken, fühlen und wollen, immer nur eine Art Spitze des Eisberges ist und wir unter der Oberfläche oft ganz andere Motive, Handlungsabsichten, Bedürfnisse haben.

Dass wir dieses Bild des Unbewussten alle komplett verinnerlicht haben, zeigt sich an ganz alltäglichen Dingen. Wenn etwa in einem Fernsehkrimi ein Kommissar einen leicht verklemmt und irgendwie aggressionslos wirkenden Priester befragt, ob er etwas mit dem Mord im Kloster zu tun haben könnte, gehört es zur küchenpsychologischen Allgemeinbildung, dass man als Zuschauer sofort misstrauisch wird, weil der Mann vordergründig so sanft wirkt, aber möglicherweise aggressive Abgründe hat oder seine verdrängten Triebe sich irgendwo anders Bahn gebrochen haben könnten. Weil wir das wissen, landet der Priester also sofort auf der Liste der Verdächtigen. Dass wir dieses Bewusstsein von möglichen verdrängten Triebimpulsen heute haben, ist ein Fortschritt und sehr zu begrüßen. Doch glauben wir dadurch häufig auch, schon alles über unser Unbewusstes zu wissen. Doch so ist es nicht: Letztlich ist den meisten Menschen nicht wirklich klar, wie viele Prozesse, Entscheidungen und Weichenstellungen in unserem Leben komplett unbewusst ablaufen. In der Art, wie ich mit Familien- und Sippenbindungen arbeite, fällt mir immer wieder auf, dass es noch sehr viel mehr unbewusste Einflüsse auf unser Leben gibt als eben nur unsere verdrängten Triebimpulse.

Bei der Arbeit mit Genogrammen sieht man immer wieder, wie stark beispielsweise der Status und die »Schicht« einer Sippe ihre Mitglieder an ein bestimmtes soziales Milieu binden, wie einflussreich erfahrene Ungerechtigkeiten oder Schuld aus früheren Generationen sind und wie Loyalitäten an Eltern, Großeltern und Urgroßeltern unser Leben prägen und ihm oft sogar die entscheidende Richtung geben. Wenn Klienten bei mir mit der Genogrammarbeit anfangen und die Einflüsse ihrer Sippe auf ihr Leben entschlüsseln, die oft bis in die Generation der Großeltern oder Urgroßeltern zurückgehen, dann höre ich nach der ersten oder zweiten Sitzung oft den Satz: »Jetzt weiß ich endlich, warum mein Leben so abgelaufen ist, ich kenne jetzt den Plan dahinter.« Das heißt, dass viele Klienten den Einfluss der Familie auf ihr Leben so stark wahrnehmen, dass sie im Familienstammbaum nach näherer Beschäftigung schließlich eine Art Blaupause für ihren eigenen Werdegang sehen.

Der Geburtstag meiner Mutter und ich

Wie stark die Konstellationen der eigenen Familie auf den eigenen Lebensweg und das eigene Wohlbefinden wirken, werden wir in späteren Kapiteln noch im Detail beleuchten – vor allem interessiert uns dann auch, welche typischen Muster und Einflüsse es in Familien gibt. Als Beispiel, wie stark die unbewusste Bindung an unsere Sippe ist, will ich hier noch mal exemplarisch ein besonderes Phänomen aus der transgenerationalen Arbeit vorstellen: das sogenannte Jahrestag-Syndrom. Der Begriff geht auf die Psychoanalytikerin und Genogramm-Expertin Anne Ancelin Schützenberger zurück, die jahrzehntelang an der Universität in Nizza arbeitete.[11] Sie beschreibt, dass es in ihrer Arbeit mit Patienten und deren Genogrammen immer wieder erstaunliche Parallelen und »Zufälle« gibt, wenn es um das Alter geht, in dem geheiratet wird, in dem jemand krank wird oder stirbt oder in dem Karriereschritte passieren. So kann es etwa sein, dass ein Familienmitglied, beispielsweise der Großvater, mit 27 Jahren im Krieg gestorben ist, und sein Enkel in diesem Alter eine ernste Krankheit entwickelt. Oder eine Tante hatte in einem bestimmten Monat in einem bestimmten Alter einen Unfall, der sie fortan an den Rollstuhl fesselt – und eine Nichte hat im gleichen Alter ebenfalls einen Unfall, der sie in ihrer Bewegungsfreiheit für eine Weile einschränkt, und das auch noch im gleichen Monat wie die Tante. Schützenberger, die über 1000 Genogramme mit Klienten angefertigt und bearbeitet hat, ist immer wieder auf solche Häufungen gestoßen. »Es scheint, dass das Unbewusste ein gutes Gedächtnis hat«, schreibt Schützenberger in ihrem Buch »Oh, meine Ahnen«. »Es liebt die verwandtschaftlichen Beziehungen und markiert die wichtigen Ereignisse im Lebenszyklus durch die Wiederholung des Datums oder des Alters.«[12]

Auch in meiner Arbeit erlebe ich immer wieder Jahrestag-Syndrome, also scheinbar wie zufällig gleiche Datierungen von wichtigen Lebensereignissen. Beispielsweise kam vor einiger Zeit der 31-jährige Timo zu mir, der scheinbar wie aus heiterem Himmel eine tiefe Depression entwickelt hatte, so niedergeschlagen und sorgenvoll war, dass er nicht mehr schlafen konnte, nachts durch die Straßen lief, irgendwann so fahrig und fertig war, dass er seinen Beruf als Sachbearbeiter bei einem großen Konzern kaum mehr ausführen konnte. Er ging zu einem Psychiater, ließ sich einige Wochen lang krankschreiben und ein paar Monate Psychopharmaka verschreiben, um wieder auf die Beine zu kommen. Während des Prozesses seiner Genesung kam er auf eine Empfehlung hin zu mir, um einiges in seiner Familienkonstellation zu klären. Im Laufe der Arbeit mit dem Genogramm von Timos Sippe stellte sich nicht nur heraus, dass mehrere Familienmitglieder an Depressionen gelitten hatten, es zeigte sich auch, dass sein Vater früher einmal eine so schwerwiegende depressive Episode erlebt hat, dass er mehrere Monate in eine psychiatrische Klinik ging. Damals war Timo fünf Jahre alt. Wir rechneten nach und fanden heraus, dass sein Vater damals 31 Jahre alt gewesen war – genauso alt wie Timo heute. Es scheint also so zu sein, dass Timo sich quasi mit seinem Vater solidarisiert hat, indem er sozusagen dasselbe Leiden wie sein Vater zur gleichen Zeit erlebt. Nachdem wir das herausgefunden hatten, war Timo völlig verblüfft. Eine Reaktion, die Klienten häufig zeigen, wenn sie eine besonders offensichtliche Parallele ihrer eigenen Biografie mit der Geschichte anderer Familienmitglieder finden. Und zwar nicht nur über die exakte Übereinstimmung des Lebensalters, in der die Niedergeschlagenheit bei ihm auftrat. Er hatte auch tatsächlich noch nie in diese Richtung gedacht, hatte sogar anscheinend vergessen, dass sein Vater diese depressive Phase in seinem Leben überhaupt erlebt hatte. Das Erstaunen ist immer auch ein Ausdruck dafür, wie tief im Unbewussten die familiären Wendepunkte, Krisen, Traumata und Veränderungen gespeichert sind. Und doch wirken sie so exakt, dass man die Uhr danach stellen kann, wann sie wiederholt werden.

In den Fußstapfen unserer Ahnen

Bis heute weiß man noch nicht genau, warum die transgenerationalen Übertragungen häufig sehr exakt funktionieren. In meiner Arbeit erlebe ich aber oft vergleichbare Mechanismen. Es wird dort immer wieder sichtbar, dass wir in der eigenen Sippe Programme von anderen Mitgliedern übernehmen und uns in Sachen Lebensweg und Entscheidungen, Berufe, Beziehungsmuster und Marotten mit bestimmten Einflüssen aus der Ahnenreihe verbinden. Zwei sehr wichtige Prinzipien, die in Genogrammen immer wieder sichtbar werden, sind:

1. Solidarisierung: Ein Familienmitglied aus der Enkelgeneration oder aus der heutigen Erwachsenengeneration zeigt sich solidarisch mit einem Verwandten aus einer älteren Generation, übernimmt etwa den für die Familie ungewöhnlichen Beruf des Vaters, übernimmt ein Thema, das in der Familie immer wieder auftaucht, zum Beispiel eine Alkoholsucht oder einen Hang zu besonders innigen, lang anhaltenden Liebesbeziehungen.

2. Ausgleich: Wenn ein Familienmitglied, beispielsweise eine Großmutter, aus der Tradition der Sippe ausbricht und als einzige Frau studiert, wird eine Enkelin mit großer Wahrscheinlichkeit solidarisch sein und auch studieren. Die nachfolgend jüngere Enkelin wird dann wahrscheinlich in eine andere Richtung gehen, das Ungleichgewicht »ausbalancieren« und wie die anderen Frauen der eigenen Sippe Hausfrau werden und sich um die Erziehung der Kinder kümmern.

Immer mal wieder erlebe ich auch Klienten, bei denen sich die Prinzipien von Solidarisierung und Ausgleich vermischen, man sieht das dann oft daran, dass die Klienten sich in ihrem Leben ambivalent verhalten, mal dem einen Prinzip, zum Beispiel »ehrgeizig sein und studieren«, und dann dem anderen Prinzip, zum Beispiel »zu Hause bleiben und auf die Kinder aufpassen«, in etwa gleichen Teilen folgen. So kann eine Frau etwa zunächst extrem ehrgeizig Karriere machen, bei der Geburt ihrer Kinder aber alles stehen und liegen lassen und dann erst einmal jahrelang in eine Familienphase eintauchen, vielleicht sogar ganz in die Familienmutter-und-Hausfrau-Rolle gehen. In diesem Beispiel ist die Ambivalenz sogar noch halbwegs aushaltbar – zwei intensive und unterschiedliche Lebensphasen sind ja durchaus lebbar.

Ein anderes Beispiel, das mir in diesem Zusammenhang einfällt, ist das einer Unternehmerstochter, die »in die Fußstapfen ihres Vaters trat« und ebenfalls Unternehmerin wurde. Vordergründig war diese Frau – die wiederum sehr erfolgreich, clever und geschäftstüchtig war – eine »Kandidatin«, die sich hundertprozentig mit dem Lebensweg des Vaters solidarisierte. Als sie allerdings zu mir in die Beratung kam und darüber klagte, dass sie immer wieder Phasen erleben würde, in denen ihre Mitarbeiter sie nicht ernst nähmen beziehungsweise sie als »abwesend« und »absolut nicht auf der Höhe« beschreiben würden, wurde im Gespräch schnell klar, dass diese Unternehmerin sich quasi nur zur Hälfte mit dem Vater solidarisierte – und zur anderen Hälfte ausglich, dass ihre Mutter und ihre Großmutter nicht studiert hatten. Beide Frauen lebten in großbürgerlichem Milieu, hatten mehrere Hausangestellte und galten eher als »sensible und verträumte Frauen«. Erst als der Unternehmerin dieser Zusammenhang in unserer gemeinsamen Arbeit klar wurde, gelang es ihr schließlich, nicht mehr wie eine »Kippfigur« vor ihre Mitarbeiter zu treten, sondern im Berufsleben stabil im Unternehmerinnenmodus zu bleiben.

Die hier beschriebenen Prinzipien sind die grundlegenden und wichtigsten, es wirken aber noch viel mehr Kräfte in Genogrammen und Familiensystemen, die Sie im Laufe des Buches noch besser kennenlernen werden. An dieser Stelle vielleicht noch der Hinweis, dass viele dieser Regeln und Muster ziemlich zuverlässig zu beobachten sind. Was sich in welcher Familie aber wirklich durchsetzt, ist sehr individuell und nicht immer leicht durchschaubar.

Herzenswünsche, die nicht in Erfüllung gehen

Zu Beginn dieses Kapitels habe ich von Lukas' Mutter erzählt und darüber, dass sie auf eine unbewusste Art letztlich genau das Gegenteil von dem will, was sie bewusst anstrebt – sie strebt natürlich eine gute Schulbildung für ihren Sohn an, fühlt sich jedoch erleichtert, als diese Veränderung im Familiengefüge doch nicht eintritt beziehungsweise anscheinend erst mal wieder in weite Ferne rückt. Diese paradoxe Art des inneren Konflikts – etwas zu wollen und eigentlich unbewusst doch nicht zu wollen – ist zwar erst mal etwas schwer zu verstehen, häufig ist dieser Mechanismus aber ein sehr griffiger und guter Ansatzpunkt, einen ehrlichen und tieferen Zugang zum eigenen Unbewussten und seinen Mechanismen zu bekommen.

Wenn man seine persönlichen großen Wünsche oder Pläne abklopft, dann gibt es immer solche, die sich einfach nicht erfüllen oder nur schwer umsetzen lassen. Nicht selten handelt es sich bei diesen scheinbaren Herzenswünschen, zum Beispiel viel Geld zu verdienen oder eine stabile, glückliche Beziehung zu führen, genau um Dinge, die in der Erfahrungswelt der eigenen Sippe zunächst eher nicht vorgesehen sind oder sogar durch bestimmte Vorgaben quasi verboten sind.

Wenn wir unsere eigenen großen Wünsche und die Frage, warum wir sie so schwer erreichen, mal unter diesem Blickwinkel betrachten, bekommen viele von uns zum ersten Mal ein Gefühl dafür, dass es in der eigenen Familie tatsächlich einige unbewusste Sperren oder Verbote gibt. Man stellt dann vielleicht fest, dass man sich zwar scheinbar sehnlich eine Beziehung wünscht, in der eigenen Sippe aber sehr viele Beziehungen eher unglücklich waren, dass gute Ehen und echte Lieben durch Krieg oder Tod zerstört wurden oder Väter sich nicht dauerhaft verantwortlich gezeigt haben. Oder wenn man auf das Thema Geld guckt, stellt man fest, dass sich zumindest in einem Teil der Familie Geld und Reichtum nie eingestellt haben, dass man Geld verloren hat oder dass die Familie zwar Geld und Reichtümer hat, der Zweig der Familie mit Geld aber als unglücklich oder vom Pech verfolgt galt.

Das Thema Geld veranschaulicht übrigens oft besonders drastisch, wie sehr die Erfahrungen der Sippe als ein unbewusster innerer Kompass das Leben mit steuern. Wer durch die eigene Familienkonstellation ein unbewusstes Verbot verinnerlicht hat, viel Geld zu besitzen, wird möglicherweise sogar geschenktes oder gewonnenes Geld wieder verlieren. Ein gut erforschtes Feld in diesem Zusammenhang ist das Verhalten von Lottomillionären. Sehr viele von ihnen sind nach dem Gewinn nicht nur weniger glücklich als vorher, die meisten verlieren auch das Geld wieder und stehen nach Jahren wieder da, wie sie es vorher taten. In einem Interview mit der »Welt« bewertet etwa der Soziologe und Lottoforscher Mark Lutter die Studienlage zum Thema folgendermaßen: Es habe sich gezeigt, dass die Gewinner »mit den Millionen oft große Probleme bekommen, da sie im Gegensatz zu Millionenerben nicht auf den Gewinn vorbereitet wurden und ihnen Habitus und Kompetenz im Umgang mit Reichtum fehlt. Eine Studie besagt etwa, dass sich Lottogewinner einige Zeit nach dem Millionengewinn auf einem Glücksniveau befinden, das sie nicht von Unfallopfern unterscheidet.«[13] Darüber hinaus gibt es immer mal Schilderungen von Einzelfällen, dass Lottomillionäre nicht nur unglücklich werden, sondern das Geld auch wieder verlieren, sich mit Freunden zerstreiten, zum Teil den Druck nicht aushalten, in Süchte oder anderes destruktives Verhalten abgleiten. Sie kommen einfach mit der neuen Rolle des Reichseins nicht zurecht.

Es fällt jedenfalls auf, dass Menschen, die plötzlich Millionär durch eine Lotterie werden, sehr oft aus einem Milieu stammen, in dem nicht viel Geld vorhanden ist und in dem man die Devise »für viel Geld muss man sehr hart arbeiten« verinnerlicht hat. Das bedeutet, dass ein so hoher Gewinn von Geld »ohne harte Arbeit« in der Sippe nicht nur unvorstellbar ist, im Grunde ist es auch mit einem Verbot belegt. Lottomillionäre, so meine These, sind also nicht nur ungeübt und ungeschickt im Umgang mit dem vielen Geld, sie entwickeln auch schnell Schuldgefühle oder zumindest ein vages Gefühl, dass das, was gerade passiert »irgendwie nicht richtig ist«. Dieses Schuldgefühl kann dazu führen, dass man sich sozusagen zum Ausgleich in risikoreiches oder selbstbestrafendes Verhalten stürzt oder dass man zu viel von seinem Gewinn abgibt und teilt, die Tausender sozusagen verjubelt, in dem Gefühl, dann zumindest die mit dem Geld verbundene Schuld losgeworden zu sein.

Was darüber hinaus passieren kann: Ein Lottomillionär ist so weit über seine eigene Sippe hinausgewachsen, dass er sich nicht mehr dazugehörig und quasi »ausgestoßen« fühlt. Dadurch setzen wiederum Bestrebungen an, entweder einen »Ausgleich« zu schaffen und das ganze Geld wieder zu verlieren. Oder die anderen in den Reichtum mit einzubeziehen – und so durch unüberlegte Geldgaben den eigenen Gewinn schnell wieder zu minimieren.

Auch wenn es uns noch so paradox vorkommt, weil es ja letztlich nur um Geld geht und um nichts anderes: Wer ein Vermögen macht, das kein anderer in der Familie hat, macht sich auf einer tiefen und unbewussten Ebene schuldig. Er steigt von einem Tag auf den anderen in eine vollkommen andere soziale Schicht auf, gehört quasi über Nacht zur Klasse der Neureichen. Die anderen aus der Familie können ihm bewusst von ganzem Herzen gönnen, dass plötzlich Geld vorhanden ist – die innere Distanz der Sippe und das Gefühl »das so was nicht gut gehen kann« sind dennoch da.

Das klingt auch traurig. So, als könnte man seiner eigenen Herkunft und den von dort übernommenen Familienregeln gar nicht entkommen. Auch wenn ich oft sehe, dass die Muster stark sind, so bezweifle ich aber, dass es immer so extreme Konsequenzen haben muss. Dass man eine Dynamik wie die oben beschriebene aber durchaus ernst nehmen kann, sagt auch die Psychoanalytikerin

Anne Ancelin Schützenberger. Sie spricht in Fällen wie dem oben geschilderten von einer »Klassenneurose«, also einer bremsenden Dynamik, die dann eintritt, wenn eine Person weit aus dem Schatten ihrer eigentlichen Schicht oder Klasse heraustritt.[14]

Auch hier gilt wieder, dass die Wirkungen dieser Regeln in unserem Unbewussten tatsächlich weitaus stärker sind, als wir denken, wissen und verstehen. Es hilft aber durchaus, sich dessen mehr und mehr bewusst zu werden und sich darauf einzulassen, sich besonders in unwahrscheinlichen Glücksfällen, bei Beförderungen und guten Entwicklungen im eigenen Leben immer mal wieder zu fragen, wer etwas dagegenhaben könnte und wie man, etwa mit Hilfe von Genogrammarbeit, daran etwas verändern kann.

3. Kapitel: Von Kästen und Kreisen – von der Arbeit mit Genogrammen

Es gibt bereits seit mehreren Jahrzehnten therapeutische und beratende Szenarien, in denen mit Genogrammen gearbeitet wird. Ursprünglich war das Zeichnen von Familienstammbäumen vor allem in der Familienmedizin üblich – man wollte grafisch darstellen, welche Krankheiten und Leiden sich in einer Familie wie ein Muster fortsetzen und welche krankheitsgeschichtlichen Entwicklungen in der Familie eher Einzelfälle sind.[15] Ziemlich rasch wurde das Genogramm aber auch in anderen therapeutischen Feldern verwendet. Mittlerweile hat es sich sogar weitgehend durchgesetzt, dass heute in allen Bereichen und in den verschiedensten therapeutischen Schulen im Grunde die immer gleichen Symbole verwendet werden, wenn es darum geht, Familienbeziehungen zu verdeutlichen und optisch darzustellen. Allerdings unterscheidet sich die Art der Arbeit, die Psychoanalytiker, Familienberater oder systemische Berater mit Hilfe von Genogrammen machen, tatsächlich erheblich. Dass hier darzustellen, würde den Rahmen des Kapitels sprengen. Dennoch werde ich auf Unterschiede nachher noch kurz und grundlegend eingehen.

Für das weitere Verständnis des Buches ist aber vor allem eine Frage wichtig: Was bringen eigentlich solche gemalten Familienstammbäume? »Genogramme helfen Therapeutinnen und Therapeuten, eine Familie kennenzulernen. Sie stellen eine wichtige Möglichkeit dar, zu der Familie Zugang zu finden«, beantwortet die Familienberaterin Monica McGoldrick, eine Pionierin im Bereich Genogrammarbeit, diese Frage. In ihrem empfehlenswerten Buch »Genogramme in der Familienberatung«[16] legt sie außerdem dar, dass die grafische Darstellung eine »systemische Perspektive schafft, mit deren Hilfe bestimmte Familienprobleme durch Raum und Zeit kritisch verfolgt werden können.« Die visuelle Aufbereitung von etwas so Komplexem wie Familie über mehrere Generationen hinweg scheint also etwas zu vereinfachen und gleichzeitig die Mehrdimensionalität des Themas und die vielen ganz unterschiedlichen Beziehungen und Einflüsse in Familien mit zu berücksichtigen.

Das Genogramm hat sich also als eine Art »Kurzschrift für die Zusammenfassung familiärer Informationen und für die Beschreibung familiärer Muster«[17] bewährt.

Auch wenn die Zeichen, die für die Erstellung von Genogrammen verwendet werden, immer ein ganz klein bisschen variieren, will ich im Folgenden einmal die wichtigsten Symbole vorstellen.

- Kreis – bezeichnet weibliche Personen
- Viereck – bezeichnet männliche Personen
- Dreieck – wenn das Geschlecht nicht bekannt ist
- Ein Kreuz an dem Viereck oder Kreis – die Person ist früh gestorben. Oft wird hier das Todesdatum eingetragen
- Verbindungslinien – Personen haben geheiratet
- Gestrichelte Verbindungslinien – Personen sind langfristig liiert, aber nicht verheiratet
- Trennstrich zwischen der Linie – die Verbindung wurde getrennt oder geschieden (manchmal wird Scheidung auch mit zwei trennenden Strichen angegeben)
- gezackte Linien – gespannte Verhältnisse
- Von einer Linie gehen zwei Personen ab – bezeichnet Zwillinge
- Eingekreist im Genogramm – bezeichnet Personen, die unter einem Dach leben

Es gibt noch viel mehr Symbole, aber das hier sind die wichtigsten, also die, die wir auch in unseren Genogrammen immer wieder verwenden.

Hier mal ein noch sehr undifferenziertes Genogrammbeispiel, quasi eine Art Standardgenogramm:

Undifferenziertes Genogramm

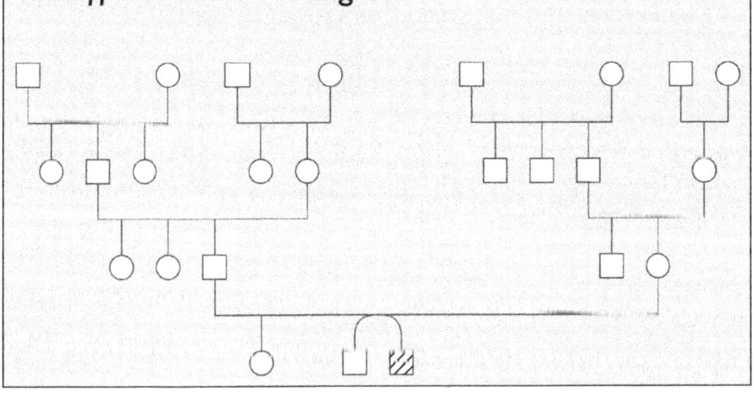

Was an diesem Beispiel erst mal sichtbar wird, ist die Tatsache, dass die Personen aus der selben Generation natürlich auf einer Ebene stehen. Um ein gutes Gefühl für die Einflüsse der Zeit, der Epoche, der geschichtlichen Umstände zu bekommen, schreiben manche Berater auch Jahreszahlen an die Generationenebene, so kann man sich besser bewusst werden, unter welchen Umständen diese Personen aufwuchsen beziehungsweise Erwachsene waren und Kinder hatten.

Je nachdem, um welche Fragestellung im Genogramm es geht, ob es sich um eine berufliche Frage, eine Beratung zu einer sich »vererbenden« Problematik wie einer Sucht geht, ob Geld, Vermögen oder Beziehungen im Leben der Person gerade eine Rolle spielen, werden Infos zu diesen jeweiligen Themen in kurzer Form neben die einzelnen Personen geschrieben, um das Genogramm quasi aus dieser Perspektive zu betrachten.

Mit diesem Buch will ich erklären, wie ich Sippen und ihre Dynamiken erlebe und welche Einflüsse aus der Familie auf das Leben meiner Klienten häufig einwirken. Mir ist es an dieser Stelle noch einmal ganz wichtig zu sagen, dass dieses Buch Ihnen eine Orientierung, ein Gefühl und einen Überblick über diese möglichen Einflüsse aus der Sippe geben kann. Dies ist aber keine Anleitung, um selbst und allein mit Genogrammen Lösungen für tiefgreifende Probleme zu finden. Bei solchen Schwierigkeiten sollten Sie lieber eine Beratung oder Therapie aufsuchen. Ein erstes Gefühl und erste Anhaltspunkte, welche Dynamiken wirken, welche Muster sich sehr zuverlässig wiederholen, können Sie aber durchaus bekommen.

Möglichkeiten und Grenzen des Genogramms

Wie Monica McGoldrick in ihrem Buch so treffend sagt, verschafft einem die Arbeit mit Genogrammen vor allem die Chance, einen neuen und kompakten Überblick auf Familienstrukturen und die eigene Geschichte zu bekommen. Das Interesse an der eigenen Sippe, am eigenen Stammbaum ist für Menschen immer schon groß gewesen, man bekommt aber auch generell den Eindruck, dass die Beliebtheit von Familienforschung immer mehr zunimmt. Wenn man bei Google »Genealogie«, also Ahnenforschung oder Vorfahrensuche eingibt, dann bekommt man auf Anhieb über 11 Millionen Treffer. Zahlreiche Datenbanken und Suchhilfe-Webseiten bieten ihre Dienste an.

Diese Forschung ist natürlich ein ganz anderes Feld als die beratende Arbeit mit dem Genogramm, sie weist aber zum Teil auch schon auf die Grenzen hin, die eine solche Beratungsarbeit hat, wenn Klienten kommen und im Interview etwas über die eigene Familie erzählen: Wer nicht über die eigene Familie objektiv geforscht hat, wer wenig Eckdaten kennt oder wer sich nur auf die mündlichen Kolportationen eines einzelnen Elternteils verlässt, statt immer wieder mit verschiedenen Familienmitgliedern über Ahnen und noch lebende Verwandte zu sprechen, der hat schlicht ein ungenaues Bild von der eigenen Sippe und den Einflüssen, die dort herrschen. Deshalb muss man als Berater immer auch im Hinterkopf haben, ob die Daten, die eine Person für die Arbeit am eigenen Genogramm liefert, eher spontan erinnert sind oder ob die Person bereits zum Thema recherchiert hat. In meine Praxis kommen jedenfalls viele Menschen, die vor der ersten Sitzung noch nicht selbst recherchiert haben – und die deshalb mit großer Sicherheit auch blinde Flecken in Bezug auf die eigene Familiengeschichte haben. Man sollte sich daher bewusst machen, dass einige der Details, die erinnert werden, nicht unbedingt die »Wahrheit« abbilden. Außerdem kann es sein, dass es sich bei den Menschen, über die man im Familiensystem nicht viel weiß, eben gerade nicht um Personen handelt, die man vernachlässigen kann. Bruno Hildenbrand warnt in seinem Buch »Einführung in die Genogrammarbeit« sogar ausdrücklich davor, »von der Tatsache, dass Genogrammdaten nicht erinnert werden, auf die Unwichtigkeit dieser Daten für den jeweiligen Fall zu schließen«[18]. Hildenbrand und seine Kollegen haben deshalb sogar einen Teilschritt in die Genogrammarbeit eingefügt, in dem man im ersten Schritt einen spontan erinnerten Stammbaum mit Daten aufschreibt, dann recherchiert und den recherchierten Stammbaum dann mit dem ersten vergleicht. In manchen Familien zeigen die blinden Flecken oder die Erinnerungsfälschungen durch Erzählungen bereits einen großen Teil des Problems beziehungsweise einen guten Anhaltspunkt für eine erste Lösung.

Die Grenze der Arbeit mit dem Genogramm besteht also immer da, wo Klienten sich entweder sehr schlecht erinnern oder derart unübersichtliche Familienstrukturen vorliegen, dass kaum jemand den Überblick über den eigenen Clan und die dort wirkenden Einflüsse wirklich behalten kann. Das bedeutet nicht, dass dann keine Arbeit möglich ist. Man sollte sich nur der Tatsache bewusst sein, dass das, was in einer ersten Sitzung in ein Genogramm eingetragen wird, oft auch nur ein erster Umriss der Familie ist.

Wiederkehrende Muster im Genogramm – eine Frage der Sichtweise

Ein weiteres wichtiges Thema bei der Arbeit mit Genogrammen ist sicherlich die Frage, inwieweit man im Stammbaum so etwas wie wiederkehrende Muster überhaupt postulieren kann. Die systemischen Berater rund um Bruno Hildenbrand gehen beispielsweise davon aus, dass es zwar gewisse immer wiederkehrende Konstellationen in Genogrammen gibt, sie aber dennoch jeden Stammbaum als einen Einzelfall ansehen, in dem man zwar verschiedene Wirkungen der Konstellationen erspüren und ableiten kann, von Formeln und Gesetzen lassen sich diese Therapeuten aber nicht leiten. »Während in der Mathematik der Algorithmus das Vorgehen steuert, haben feste Schemata, etwa Älteste geben immer den Ton an, Bauernfamilien sind patriarchalisch strukturieret ... in Genogrammarbeiten nur eine eingeschränkte Bedeutung«, erklärt Hildenbrand den Ansatz der systemischen Therapeuten seines Instituts.[19] In ihren Fallbesprechungen gehen die Vertreter dieser Schule daher auch Schritt für Schritt vor, also sequenziell, sie schauen sich zunächst die älteste wichtige Ahnengeneration an und arbeiten sich Person für Person, Heirat für Heirat, Generation für Generation vor. Bevor sie den gesamten Stammbaum in Augenschein nehmen, haben sie also versucht, einzelne Beziehungen nacheinander zu erfassen. Das soll es erleichtern, die individuellen Muster der jeweiligen Familie, die Probleme und Fragestellungen genauer zu beleuchten.

In den Genogrammarbeiten der Familienberaterin Monica McGoldrick gibt es dagegen durchaus den Versuch, verschiedene Konstellationen und Muster zu finden und dem Leser sichtbar zu machen. Die Therapeutin verdeutlicht das anhand von zahlreichen Genogrammen berühmter amerikanischer Familien wie zum Beispiel den Hepburns und den Kennedys, den Fondas und den Roosevelts. Sie schreibt etwa gleich zu Beginn ihres umfangreichen Buches: »Weil familiäre Muster von einer Generation zur nächsten übertragen werden können, sollte man Genogramme stets auf sich wiederholende Muster prüfen.«[20]

Wenn man diese sehr unterschiedlichen Herangehensweisen betrachtet, ist klar, dass es vor allem eine Frage der Sichtweise und der Therapieschule ist, wie stark man von vorgegebenen Mustern und sich wiederholenden Algorithmen in Genogrammen ausgeht – und wie sehr man sich auf den individuellen Ansatz bezieht. Abschließend kann man also festhalten, dass es zu dieser Frage im Moment mehrere Herangehensweisen und Standpunkte gibt, und das, obwohl all diese unterschiedlichen Therapieschulen in etwa mit der gleichen grafischen Aufbereitung der Genogramme arbeiten.

Noch ein paar Worte zu meiner eigenen Arbeitsweise

Damit Sie als Leser oder Leserin meinen Standpunkt und meine Annahmen im Zusammenhang der bestehenden Schulen noch besser einordnen können, würde ich gerne noch ein paar grundsätzliche Punkte nennen, in denen sich mein Ansatz von anderen unterscheidet.

1. Wie im ersten Kapitel beschrieben, gehe ich davon aus, dass unsere Bindung an die Sippe und ihre Regeln sehr viel stärker ist, als wir das im Allgemeinen vermuten. Ich bin der Meinung, dass der Satz »Bist du anders, bist du tot« wie eine Art Warnung oder unbewusster Leitsatz in irgendeiner Form auf jeden von uns wirkt. Warum ich dieser Meinung bin und wie ich das in meiner Praxis erlebe, habe ich bereits im ersten Kapitel geschildert. Auch wenn ich natürlich nicht voraussagen kann, wie dieser Satz auf einzelne Menschen wirkt, so formt er in jedem Fall unser Verhältnis zur eigenen Sippe und prägt unser Leben.

2. Im folgenden Praxisteil werde ich einige Genogramm-Konstellationen beschreiben, die ich für typisch halte und als typisch erlebe. Das heißt, ich gehe in meinem Ansatz ganz klar davon aus – ich habe ja mit unzähligen Menschen zu dem Thema gearbeitet –, dass sich gewisse Muster oft wiederholen und man deshalb auch Faustregeln aufstellen »darf«. In dieser Hinsicht ähnelt mein Standpunkt dem von Monica McGoldrick. Ich finde es hilfreich, auf Muster hinzuweisen, die in Sippen gelten. Gesetzmäßigkeiten, die immer und in jedem Fall gelten, kann und will ich natürlich auch nicht ableiten, dafür sind Menschen zu unterschiedlich.

3. In meinem Ansatz kombiniere ich die beratende Arbeit mit dem Genogramm mit einer energetischen Arbeit. Ich habe diesen Ansatz selbst entwickelt und bin immer wieder erstaunt, wie gut man energetische Blockaden in der Sippe und im Familiensystem mit dieser Art der Arbeit lösen kann. Dieses methodische Vorgehen unterschei-

det sich von den meisten therapeutischen Schulen, die etwa mit systemischen Fragen oder mit reinen Gesprächsszenarien arbeiten.

4. In diesem Buch zitiere ich immer wieder mal Ideen aus der Arbeit der Psychoanalytikerin Anne Ancelin Schützenberger. Diese in Paris ansässige Therapeutin arbeitet sehr viel mit Genogrammen, ihre Thesen decken sich an vielen Stellen mit meinen Grundsätzen und Erfahrungen. Eine Passage aus ihrem Buch soll hier auch abschließend zitiert werden. Sie spiegelt viel von meiner eigenen Haltung wider: »Wenn man ein Individuum heilt, ohne am Ganzen der Familie zu rühren, wenn man nichts von transgenerationalen Wiederholungen verstanden hat, hat man in der Therapie nicht viel ausgerichtet. (...) Damit Menschen sich wirklich und dauerhaft ändern, müssen das Familiensystem und das soziale und berufliche System die Erlaubnis zur Veränderung geben, eine Erlaubnis dazu, dass die Glaubenssätze verändert werden.«[21]

Meine Arbeit, praktisch gesehen

Damit Sie als Leser und Leserin ein bisschen besser verstehen, wie meine Arbeit ganz konkret aussieht, will ich an dieser Stelle noch ganz kurz einen Einblick in den praktischen Ablauf meiner Beratungssitzungen geben. Eine Beratung dauert eine Stunde, die meisten Klienten kommen allein, manchmal mache ich Beratungen mit Eltern und Kindern, gelegentlich auch mit Gruppen, Teams oder Abteilungen in Unternehmen.

Wichtig ist, dass jede Sitzung in zwei Teile geteilt ist. Im ersten Teil geht es um das Genogramm, im zweiten Teil erfolgt eine energetische Stresslösung.

Erster Teil: Im Gespräch kläre ich mit den Klienten zunächst, mit welchem Anliegen sie kommen, ob es beispielsweise um eine immer wiederkehrende Blockade im Beruf oder um Konflikte im Privatleben geht. Daraufhin zeichne ich gemeinsam mit dem Klienten dessen Genogramm auf, meist über drei, manchmal auch über vier Generationen. Wir schauen dann – und dieses Vorgehen wird Ihnen im praktischen zweiten Teil des Buches noch ausführlich an Beispielen vorgestellt –, welche Dynamiken aus der Familie auf das gegenwärtige Problem wirken könnten, welche Sippenregeln der Klient verinnerlicht hat. Dabei geht es darum, aus den vielen im Genogramm wirkenden Einflüssen diejenigen herauszufiltern, die tatsächlich mit dem Problem zu tun haben. Wenn möglich, fasse ich bestimmte Sippenregeln noch mal zusammen, etwa: »Ich darf als Frau nicht beruflich erfolgreich sein, denn keine Frau in meiner Sippe hatte bisher einen akademischen Beruf.« Meist haben wir am Ende des ersten Teils mehrere Sätze dieser Art gefunden. Der Klient hat also neue Erkenntnisse über sich und seine Sippe gewonnen und sieht, welche Faktoren aus der eigenen Familie Stress und Blockaden erzeugen.

Zweiter Teil: Hier geht es darum, einen Teil des Stresses, der in den Regeln und Dynamiken steckt, zu lösen und so bestehende Blockaden energetisch aufzulösen. Mit Hilfe von verschiedenen Methoden aus der Kinesiologie und der Körperarbeit kann psychische und emotionale Spannung abgebaut werden. Dazu halte ich unter anderem verschiedene Punkte am Körper, um Energie wieder in den Fluss zu bringen. Dieser Teil der Arbeit ist meist kürzer, häufig erleben die Klienten nach der Behandlung aber auch eine große Erleichterung. Das Konglomerat der eingesetzten Methoden aus Kinesiologie, Applied Physiology und Applied Kinesiology zu erklären, würde hier den Rahmen sprengen. Im Folgenden werde ich, wenn es um diesen Teil der Arbeit geht, schlicht von der energetischen Arbeit oder der energetischen Stresslösung sprechen.
Auch wenn nicht jede Sitzung gleich ist, die Klienten mit sehr unterschiedlichen Fragen und emotionalen Gestimmtheiten zu mir kommen, wird die Zweiteilung der Sitzung immer eingehalten.

TEIL ZWEI:
Belastungen und Blockaden überwinden

1. Kapitel: Und wie ist es bei Ihnen?

Im ersten Teil des Buchs habe ich vor allem über die unbewussten Antriebe und Dynamiken geschrieben, die in Familien herrschen und die uns im Leben prägen. Außerdem habe ich von der Sippe gesprochen und darüber, warum sie für uns psychologisch und anthropologisch betrachtet so zentral und so erstaunlich bindend ist. Dabei ging es mir darum, dass Sie, liebe Leserin und lieber Leser, eine Art Grundlage bekommen, mit der Sie verstehen können, warum es überhaupt lohnt, sich das eigene Genogramm genauer anzuschauen, und welche grundsätzlichen Kräfte dort wirken. In diesem zweiten Teil des Buches geht es nun darum, zu beleuchten, wie Familienkonstellationen und Genogrammstrukturen konkret und alltäglich in bestimmte Lebensbereiche und Situationen hineinwirken. Egal ob es um Partnerwahl oder Geldsorgen geht, um Konflikte im Beruf oder um Probleme in der Erziehung von Kindern, so gut wie alle Lebensthemen und Lebensbereiche sind entscheidend davon mit geprägt, aus welcher Sippe wir stammen, was für Bindungen und unbewusste Programme wir von unseren Eltern, Geschwistern, Großeltern und Urgroßeltern und deren Geschichte mitbekommen haben.

In jedem der nun folgenden Kapitel gibt es mehrere ganz konkrete Beispiele von Klienten und von prototypischen Familien, die ein Themenfeld und die typischen Genogrammstrukturen dazu beleuchten. Dazu zeige ich immer wieder die Genogramme der zugehörigen Familien als Grafiken. In diesen oft sehr komplexen Familienstammbäumen werfe ich jeweils einen Spot auf die ein bis zwei wichtigsten Konstellationen, die mit dem jeweiligen Problem zu tun haben. In meiner Praxis, wenn ich Klienten gezielt und individuell berate, weise ich häufig noch auf viel komplexere Dynamiken und Einflüsse hin – denn oft sind es Details, die etwas in den Klienten zum Klingen bringen und Verständnis für die eigenen Lebensmuster erzeugen. Diese sehr individualisierte Vorgehensweise würde hier aber den Rahmen sprengen.

Ganz wichtig ist mir, im Vorfeld noch einmal zu betonen, dass alle Verstrickungen unbewusst wirken und dass man sie oft vor allem als eine diffuse innere Anspannung oder als Stress spürt. Es kann also sein, dass Sie beim Lesen über Familiensituationen stolpern, die denen Ihrer eigenen Familie sehr ähnlich sind. Dass Sie aufhorchen, weil auch Ihre Eltern früh gestorben sind, Sie in der Familie die einzige Frau mit abgeschlossenem Studium sind. Oder Sie bemerken, dass sich wie im Beispielgenogramm auch in Ihrer Familie auf scheinbar mysteriöse Weise bestimmte Belastungen, etwa Süchte oder Probleme im Umgang mit Geld, auffällig wiederholen. Diese Beispiele, in denen man Prägungen aus der eigenen Familie wiederfindet, liest man natürlich oft besonders aufmerksam.

Dennoch kann es sein, dass Sie nach der Erklärung zwar spüren, dass an der Sache »irgendetwas dran sein muss«, Sie aber trotzdem das Gefühl haben, dass es in Ihrer Familie letztlich »ganz anders ist«. Wenn Sie für sich prüfen wollen, inwieweit die verschiedenen familiären Prägungen und Programme für Ihren Alltag relevant sind, reicht es vollkommen aus, wenn Sie in der nächsten Zeit immer mal wieder darauf achten, ob Sie selbst in Ihrem Leben Mechanismen entdecken, mit denen Sie sich selbst sabotieren, die den im Text beschriebenen ähneln. Oder ob Sie sich in Verhalten, Entscheidungen, Lebensstil gelegentlich solidarischer gegenüber dem Leben von Eltern oder Großeltern verhalten, als Sie zuvor glaubten. Eine gewisse Aufmerksamkeit für das Thema bringt Sie schließlich auch der eigenen Wahrheit näher – nach einiger Zeit können Sie meist sehr genau sagen, ob für Sie persönlich an dem Thema »mehr dran ist« oder eher nicht.

In den Beispielen zeige ich auch immer mit auf, wie eine erste Lösung aus der Verstrickung mit Hilfe von Bewusstwerdung und bestimmten Erkenntnissätzen gelingen kann. Diese Sätze, mit denen man sich verdeutlichen kann, an welcher Stelle man von der eigenen Familiengeschichte bisher gebremst, gebeutelt oder gepusht wurde, sind wie Merksätze, ein erhellender erster Schritt. Dieser Satz wird oft positiv formuliert und enthält einen ersten Ansatz für eine Lösung des Problems. Dennoch dient er vor allem der Bewusstwerdung. In einer Beratung würde ich mit diesem Satz dann tatsächlich auch weiterarbeiten und mit dem Klienten auf eine Lösung hinarbeiten. Im Rahmen des Buches wäre das zu viel verlangt und ist so nicht möglich. Mir ist es deshalb wichtig, zu betonen, dass es sich bei den Erkenntnissätzen nicht um Ankersätze handelt, wie sie in der Psychotherapie genutzt werden, um eine Situation zu überwinden. Es geht auch nicht darum, sie als Affirmation, also eine Art positive, emotionale Stütze zu nutzen. Vielmehr geht es mir darum, einfach in dem Satz einen ersten Zugang zum Thema zu finden – so dass man mit Hilfe dieser Erkenntnis auch im Alltag mehr Aufmerksamkeit auf das Thema lenken kann.

Damit Sie mit den entsprechenden Themen aber auch selbst ein bisschen weiterarbeiten können, gibt es am Ende eines Abschnittes oder eines Beispielfalls immer wieder kurze Übungen zur Selbstreflexion, mit denen Sie sich den eigenen Verstrickungen nähern können, besser verstehen, welche Strukturen Ihrer Familie Sie geprägt haben, und erste kleine Schritte zu einer Veränderung oder Loslösung aus diesen Mustern gehen können. Viele Klienten erleben solche praktischen, psychologischen Selbsterfahrungsschritte als ausgesprochen hilfreich.

Auf den folgenden Seiten finden Sie nun verschiedene Kapitel zum Thema Beruf und Karriere, zu Beziehung und Familie, zu Geld, Besitz und Erbe, zu Kindern und Erziehung, Sucht und Gewalt und zum Einfluss von Flucht, Vertreibung und Kriegstraumata auf die eigene Geschichte. Außerdem zeige ich in ein paar Exkursen, wie Adoptionen, Patchwork-Konstellationen und Trennungen der Eltern auf uns und unser Leben wirken können.

Wenn Sie sich für eine bestimmte Fragestellung interessieren, dann liegt natürlich die Idee nahe, sofort an diese Stelle des Buches zu blättern. Ich empfehle aber, auf jeden Fall das allererste Kapitel über Beruf und Karriere gründlich zu lesen, weil hier zum Teil sehr grundlegende und einfach nachvollziehbare Beispiele vorgestellt werden, die uns alle im Alltag immer wieder begegnen oder die uns zum Teil auch oft selbst betreffen. In diesen Kapiteln bekommen Sie ein Gefühl dafür, wie verschiedene prototypische Genogrammstrukturen auf uns alle wirken und wie sie immer mal wieder unseren Lebensweg beeinflussen. Zum Teil ergeben sich aus solchen Einflüssen im Alltag und im Umgang mit anderen Menschen immer mal wieder Probleme, zum Teil sind sie nahezu konfliktfrei und es ist einfach nur spannend und erhellend, sie zu verstehen. In diesem Sinne wünsche ich Ihnen viel Spaß bei der Erkenntnis.

2. Kapitel: Beruf und Karrieren – warum unsere Familie mit am Konferenztisch und im Vorstellungsgespräch sitzt

Die Wahl eines Berufswegs, Erfolge und Misserfolge im Job, Ärger mit Kollegen und Vorgesetzten sowie die Frage, ob man sich als Frau eher in Sachen Karriere, in der Familie oder in beiden Bereichen verwirklichen will, sind wichtige Themen, die uns im Arbeitsalltag und bei großen Lebensentscheidungen gleichermaßen prägen. All diese Fragen werden von Verstrickungen und Dynamiken, die es in der eigenen Sippe gibt, zumindest zum Teil beeinflusst und mitbestimmt. Das klingt oft erst mal ein bisschen paradox, denn gerade der Job scheint ja etwas Rationales zu sein, ein Lebensbereich weit entfernt von der Familie. Doch zahlreiche Psychologen sind heute der Meinung, dass das ein Fehlschluss ist. Der Psychotherapeut Bertold Ulsamer beschreibt beispielsweise in seinem Buch »Der Apfel-Faktor: Wie die Familie, aus der wir kommen, beruflichen Erfolg beeinflusst«[22] sehr anschaulich, wie häufig berufliche Schwierigkeiten, mit denen man sich herumschlägt, den Problemen ähneln, die man im familiären Bereich erlebt hat. Diesen Gedanken führe ich hier weiter, indem ich neben der reinen Kernfamilie, also den Einfluss, den Mutter und Vater auf uns haben, auch die Wirkung des gesamten Genogramms auf Karrierefragen zu beleuchten versuche.

FALL I: Bin ich ein guter Chef?

Ein gutes Beispiel für ein Problem im Job, das durch eine Verstrickung in der Familie entsteht, ist die Geschichte von Frank. Der 37-jährige Computerfachmann ist seit vielen Jahren erfolgreich im selben Konzern, erst war der ausgebildete Techniker in einer Serviceabteilung, ein paar Jahre später führte er dank seines Wissens und seiner sozialen Kompetenzen ein kleines Team von Fachkräften. Alles lief gut. Doch Franks Gruppe ist in den letzten Jahren extrem gewachsen. Mittlerweile ist er offiziell zum Teamleiter befördert worden, bekommt mehr Geld, macht nun fast nur noch Organisation und Management für seine 12 Mitarbeiter. Doch der freundliche Mann ist erschöpft: Im letzten Jahr geht dauernd etwas schief, die Mitarbeiter halten sich nicht an seine Anweisungen, nehmen ihn anscheinend nicht richtig ernst, der eine oder andere handelt sogar komplett gegen Franks fachliche Entscheidungen und Anweisungen. Besonders zwei sehr offensive und extravertierte Mitarbeiter fallen immer wieder in dieser Hinsicht auf – gelegentlich sind diese beiden sogar distanzlos, fragen ihn, ob es ihm nicht gut gehe und er sich ein bisschen ausruhen müsse. Frank fühlt sich von den beiden auf eine herablassende und unangemessene Weise bemuttert. Dazu kommt noch, dass die Stimmung in seinem Team gereizt und von Misstrauen und Konkurrenz geprägt ist. Frank weiß nicht richtig, warum das so ist, denn er selbst ist ein sachlicher, netter und klarer Typ. Dass die anderen seine fachliche Autorität nicht anerkennen, ist eigentlich ausgeschlossen – er ist ein erfahrener Techniker. Frank stellt seine Mitarbeiter also zur Rede, versucht zu verstehen, versucht es mit Befehlen, doch es ändert sich wenig. In diesem leicht resignierten bis erschöpften Zustand kommt er in die Praxis. Er hat Zweifel, ob er er ein guter Chef ist oder ob er in der Managerposition letztlich nicht doch »am falschen Platz« ist.

Wir zeichnen sein Genogramm auf, das in etwa so aussieht:

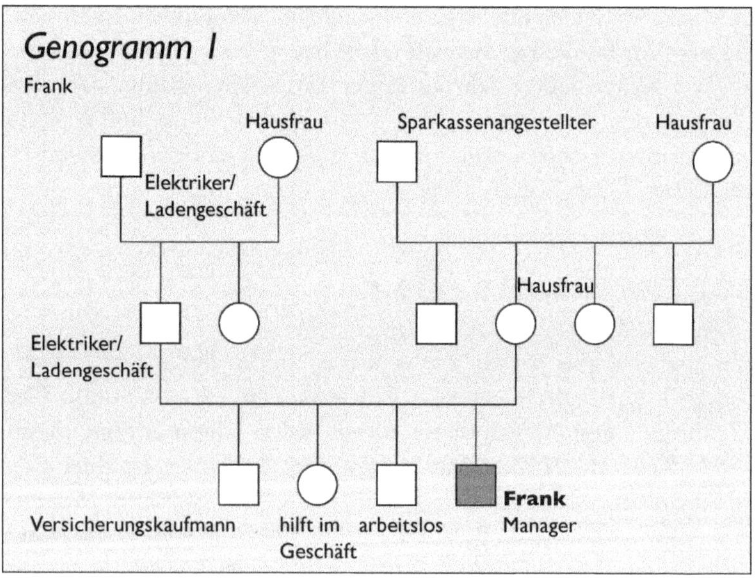

Kurz zur Erläuterung: Frank ist das jüngste von vier Geschwistern, das Nesthäkchen, er hat zwei Brüder und eine Schwester. (Wir sehen die Geschwisterreihe markiert mit Kreisen für Frauen und Quadraten für Männer). Franks Mutter kümmerte sich lange vor allem um die Kinder, früher arbeitete sie als Verkäuferin. Auch alle anderen Frauen im System waren Hausfrauen. Franks Vater ist selbstständig als Elektriker mit einem kleinen Betrieb, er hat einen Angestellten, außerdem arbeitet heute Franks Schwester in dem Betrieb und macht die Buchhaltung. Die Großeltern (hier im Genogramm die oberste Ebene, die wir uns anschauen) waren beruflich folgendermaßen aufgestellt: Väterlicherseits gab es bereits den kleinen Handwerks-Elektrobetrieb. Mütterlicherseits war der Großvater nach dem Krieg Angestellter bei der Sparkasse.

Eine allgemeine Anmerkung vielleicht noch an dieser Stelle: Betrachtet man ein Genogramm in einer beruflichen Frage, schaut man sich natürlich besonders an, welche beruflichen Einflüsse in der Familie vorherrschen, deshalb stehen an diesem Stammbaum die Berufsbezeichnungen der wichtigsten Einflussgeber. Wenn man, wie im nächsten Kapitel, eher Beziehungsfragen betrachtet, macht man eher diese Themen sichtbar und trägt stattdessen Scheidungen und Streit, Liebe und andere Beziehungsqualitäten in die Stammbaumgrafik ein.

Das Genogramm von Franks Familie und Ahnen zeigt sehr deutlich, mit was für Schwierigkeiten der Manager auf einer unbewussten Ebene kämpft.

Der erste und wichtigste Faktor: Frank ist das jüngste von vier Geschwistern, das bedeutet, dass er sein Leben lang immer nur Menschen um sich herum hatte, die ihm gesagt haben, wo es langgeht. In der Genogrammarbeit sagt man in solchen Konstellationen auch: Dieses Kind hatte mehr als zwei Eltern – die großen Geschwister waren auch ein bisschen wie Eltern. Tatsächlich erzählt Frank dann auch, dass besonders seine ältere Schwester sich in der Kindheit gern und viel um ihn gekümmert und ihn beschützt hat. Sein großer Bruder, der Älteste, heute Versicherungskaufmann, hat ihn dagegen eher gegängelt und gehänselt und ihm häufig gesagt, dass »die Meinung eines Dreikäsehochs nicht zählt«. Diese Einstellung vertritt der ältere, sehr resolute Bruder bis heute, wenn die Brüder sich treffen. Er lässt den kleinen Bruder Frank also sogar im realen, gegenwärtigen Alltag nicht erwachsen werden. Der zweite Bruder, arbeitslos und mit einem Maschinenbaustudium gescheitert, war immer sehr intelligent, erinnert sich Frank, die beiden haben sich gut verstanden, bildeten eine Art Team, spielten viel zusammen. Heute sei dieser Bruder aber in einer Lebenskrise.

Die Geschwisterreihe zeigt deutlich, warum Frank Probleme mit der Führung eines großen Teams hat: Frank als jüngster Bruder hat einerseits in der Kindheit ganz real nicht gelernt, die Führung zu übernehmen. Er war immer freundlich, anpassungsfähig, hat gelernt, sich einzuordnen und zu folgen. Das hat ihn zu einem guten Dienstleister und IT-Fachmann gemacht, er kann sich still einarbeiten, gut zuhören, gut sehen, was andere brauchen. Weil er diese Fähigkeit hat, kam es dazu, dass er zunächst ein Miniteam von drei Leuten leitete. Diese erste kleine Führungsposition bekam er mit seiner freundlichen, kollegialen Art noch gut geregelt. Oder, anders gesprochen: Ein Chef, der ein Drei-Leute-Team führt, kommt mit einem kollegialen Kleiner-Bruder-Führungsstil noch leidlich im Alltag zurecht.

Nun ist es aber bei Frank so, dass er seit einem Jahr ein größeres Team leitet, sich also nicht mehr in der selben Ebene mit den anderen befindet, sondern komplett als übergeordneter Manager unterwegs ist. Diese neue Position ist ein sichtbarer und harter Bruch mit seiner Position als jüngster Bruder:

Er erhebt sich nun quasi über seine Geschwister, wird sichtbar zum Chef. Diese Position kann er mit seinen bisherigen Lernerfahrungen kaum glaubhaft ausfüllen. Franks Verunsicherung auf einer unbewussten Ebene geht aber noch weiter: Denn durch die Position, die er nun im Job einnimmt, »verrät« er seinen Platz im Familiensystem – verhält sich damit illoyal und hat unbewusst Angst, von der Familie »verstoßen« zu werden. Natürlich wird Frank das nicht real passieren. Doch die unbewusste Angst ist da – und nach dieser richtet sich Frank, wenn er sich als führungsschwach zeigt.

Ich erkläre Frank also, dass sich hier das Unbewusste Bahn bricht und die Mitarbeiter sich jetzt quasi so verhalten wie Geschwister, die Frank wieder zurück auf seine angestammte Position bringen wollen: Sie hören nicht auf ihn, wollen ihn nicht als Chef akzeptieren, deshalb »meutern« zwei Kollegen auch ganz offen – sie übernehmen natürlich den Part des ältesten Bruders, der Frank bis heute erzählt, dass er als »Dreikäsehoch« nichts zu melden hat. Das alles passt auch gut zu Franks geschildertem Gefühl, dass er die Managerposition zwar äußerlich gut meistert, innerlich aber dauernd das Gefühl hat, dass er irgendwie »am falschen Platz« ist.

Nachdem Frank verstanden hat, dass er sich in der Firma verhält wie ein jüngerer Bruder, der an seine Geschwister gebunden ist, fällt es ihm leichter zu verstehen, warum die anderen so feindselig und respektlos sind. Darüber hinaus formulieren wir einen griffigen Erkenntnissatz, einen, den Frank sich zum einen als erste Annäherung an sein Problem mit aus der Sitzung nehmen kann. Zum anderen wird dieser Satz auch noch in der energetischen Stresslösung im zweiten Teil der Sitzung genutzt. Franks erster Merksatz ist:

> **Ich darf Chef sein und bestimmen, was meine Mitarbeiter tun – und gehöre trotzdem in mein Familiensystem.**

Neben der Geschwisterreihung gibt es in Franks Genogramm noch einen weiteren einflussreichen Strang, über den wir im Laufe der Sitzung reden: Die männliche Reihe, also der Vater und die beiden Großväter, können Frank mit ihren Berufen nicht in seiner Führungsposition stärken und stützen: Der Vater ist selbstständiger Elektriker, der Großvater ebenfalls, der väterliche Großvater ist Angestellter ohne Führungsverantwortung gewesen. Die Frauen in diesem System sind oder waren Hausfrauen und Mütter. Wenn man diesen Sachverhalt zuspitzt, bedeutet das, dass Frank der Erste und Einzige in seiner ganzen Sippe über alle Generationen hinweg ist, der Führungsverantwortung über mehr als drei Leute übernimmt und in eine Managementposition in einer Firma aufsteigt. Hier sieht man auch noch mal gut, warum Frank mit dem kleinen Team prima zurecht gekommen ist: Auch sein Vater hatte in einem Elektrobetrieb immer mal ein bis zwei Angestellte. Diese Art Chefsein ist für Frank also »erlaubt«.

Diese sehr typische Konstellation begegnet einem in Genogrammen häufig: Jemand ist der Erste in seiner Sippe, der eine besondere, höhere und erfolgreiche Position im Beruf oder im öffentlichen Leben einnimmt, als es bisher üblich war. Dieses Alleinstehen baut einen großen inneren Druck auf – die Betroffenen katapultieren sich durch ihren Erfolg selbst aus dem System. Das Unbewusste meldet den Erfolg deshalb letztlich als »falsch« und »schlecht« zurück. So ist es auch für Frank: Er entfernt sich vom Berufsstand und von der Berufsart von Vater und Großvater. Dieser Einfluss schwächt Frank zusätzlich, wenn er versucht, ein selbstbewusster und guter Manager für seine Mitarbeiter zu sein.

Auch zu dieser Interpretation hat Frank ein paar eigene Ideen: Tatsächlich sagt sein Vater in den letzten Jahren häufiger mal zu ihm, ob er sich denn nun für etwas Besseres halte, weil er ein Schlipsträger sei. Das Beispiel ist wiederum typisch und sehr viele Menschen kennen diese kleinen Sticheleien, mit denen sie von Eltern und Großeltern konfrontiert werden, wenn sie gemessen an den Maßstäben der Familie sehr erfolgreich sind. Viele meiner Klienten schildern in solchen Momenten eine unangemessene Aufregung, Verwirrung und Scham. Diese starken Gefühle kann man besser verstehen, wenn man darüber nachdenkt, dass Eltern einem erfolgreichen erwachsen gewordenen Kind mit so einer Bemerkung quasi unterschwellig sagen: »Wenn du so bist, dann ist mir das fremd. Dann gehörst du nicht zu uns.« Das stößt wiederum tiefe Ängste an.

Wir formulieren noch einen weiteren Erkenntnissatz für Frank. Er lautet:

» **Ich bin erfolgreicher als meine Väter und Großväter und gehöre trotzdem in meine Sippe.** «

Diese beiden Sätze nehmen wir mit in den kinesiologischen Teil der Sitzung: Wir prüfen, wie viel Stress diese Sätze im Körper produzieren, und lösen anschließend diese Blockaden auf. Frank schildert später, dass er sich im Job und seinen Mitarbeitern gegenüber wesentlich befreiter gefühlt hat als früher. Außerdem hat er in Meetings und Unterredungen manchmal an seine Geschwister denken müssen und konnte sich mit einem inneren Lächeln daran erinnern, dass die Menschen um ihn herum nicht seine Geschwister, sondern sein Team sind. Dadurch konnte Frank seinen Leuten gegenüber auch auf einer ganz praktischen Ebene klarer, direkter und stärker auftreten – was die Mitarbeiter mit mehr Respekt quittierten. Dass sich gleichzeitig auch Franks Verhältnis zu seinen realen Geschwistern verbesserte, sei hier nur als Fußnote erwähnt.

Natürlich wird Frank mit seiner Geschichte dennoch immer mal wieder Zweifel daran hegen, dass er in einer Managerposition am richtigen Platz ist. Das gehört zu seiner Erfahrungs- und Lebenswelt einfach dazu. Nur weiß er jetzt besser, woran es liegt, wenn er mal wieder das Gefühl hat, dass er in seinem Chefsessel »falsch« ist.

Faustregeln

Hier ein paar allgemeine Sätze über Familien, die man aus Franks Genogramm ableiten kann:

- Wer in der Geschwisterreihe weit hinten steht, hat wahrscheinlich größere Probleme, eine Führungsposition zu bekleiden oder eine Arbeit zu machen, bei der er über andere Menschen entscheidet, etwa als Personalverantwortliche, Schichtleiterin etc.

- Wer in der Geschwisterreihe hinten steht, ordnet sich eher unter oder meint, sich unterordnen zu müssen. Wer vorne steht, führt in der Regel gerne an oder hat das Gefühl, anführen zu müssen.
- Wer eine Führungsposition bekleidet, obwohl Eltern und Großeltern niemals Chefs waren, hat oft unbewusst Skrupel, diese Rolle auszufüllen, und wird bei der Arbeit häufig mit Problemen und Widerständen konfrontiert.

ÜBUNG
Meine Geschwisterrolle & mein Leben

Denken Sie mal über das Verhältnis zu Ihren eigenen Geschwistern nach. Ist es gut? Wer hatte welche Rolle? Falls Sie ein Einzelkind sind, stellen Sie sich die Frage: Welche Rolle haben Sie von Ihren Eltern bekommen, welcher Typ waren Sie als Kind? Denken Sie ein paar Minuten über typische Rollen und Zuschreibungen aus Ihrer Familie nach.
Nehmen Sie dann Zettel und Stift und schreiben Sie drei beschreibende Stichworte zu dieser alten Rolle auf, zum Beispiel Anführer, zu laut, Helfer, unsichtbar etc.
Dann überlegen Sie, in welchen Situationen Ihnen heute diese drei Begriffe wiederbegegnen. Nennt Ihre Kollegin Sie laut? Helfen Sie immer noch allen anderen? Gibt es Momente, in denen Sie unsichtbar werden und andere Sie nicht wahrnehmen? Schreiben Sie drei Situationen auf, in denen Sie in den letzten Monaten in der Rolle waren, die Sie als Geschwister beziehungsweise als Kind hatten, etwa beim Elternabend in der Schule, im Büro, bei der chaotischen Freundin, im Sportverein.
Sie haben ein paar Situationen gefunden? Versuchen Sie, ab jetzt bewusster in ähnliche Szenen hineinzugehen. Versuchen Sie Automatismen zu vermeiden, beobachten Sie sich. Schauen Sie in der Situation, ob Sie sich bewusst mal anders verhalten können als bisher. Wenn Sie als laute Person versuchen, leise zu sein, oder als schüchterner Mensch mal vorprechen, können Sie fühlen, was anders ist.
Selbst wenn sich nicht sofort etwas verändert, durch diese Übung bekommen Sie ein besseres Gefühl dafür, welche alten Geschwister- und Kindrollen Sie immer wieder automatisch einnehmen und welche Auswirkungen das hat. Die

Einsicht in diese alten Muster ist oft schon der erste Schritt hin zu einer Veränderung.

FALL II: Meine Familie ist gebildet und wohlhabend – aber ich habe beruflich keinen Erfolg

Mein erstes Beispiel vom Manager Frank war bewusst relativ einfach und übersichtlich gewählt. Sehr häufig liegen die Dinge im Genogramm etwas komplexer. Beispielsweise begegnen mir in meiner Beratung Frauen, die aus Akademikerfamilien kommen, in denen die Menschen seit mehreren Generationen gebildet sind, es oft auch »altes Geld« gibt, das über Generationen vererbt wird, etwa in Form von Häusern und Grundstücken. Dennoch machen diese Frauen keine akademischen Abschlüsse oder Karrieren, wie es doch eigentlich in ihrem Genogramm angelegt sein müsste. So ist es etwa bei Kathrin, einer 28-jährigen Erzieherin, die wegen psychosomatischer Probleme in meine Praxis kommt:

Genogramm 2

Kathrin

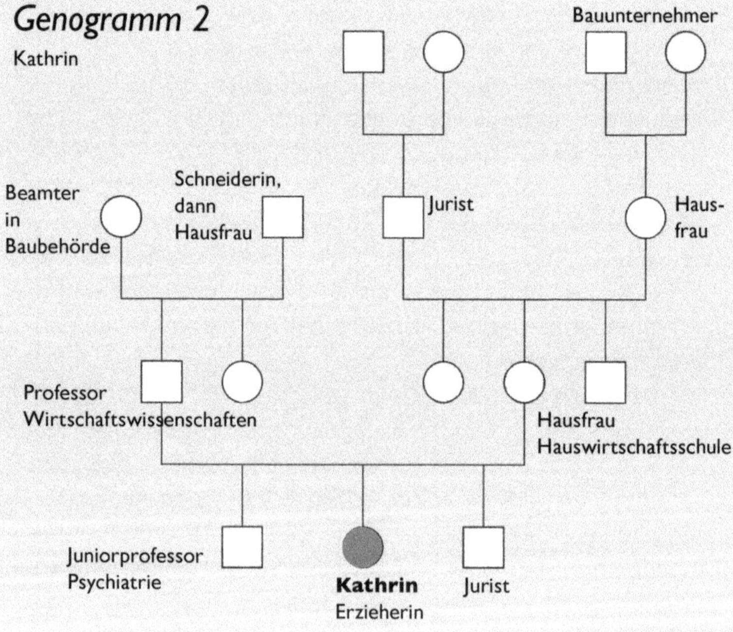

Ihr Großvater väterlicherseits war ein höherer Beamter, der Großvater mütterlicherseits ein Jurist, die Großmutter väterlicherseits war

Schneiderin, die Großmutter mütterlicherseits ist Hausfrau und bringt Vermögen in Form von Häusern rund um Freiburg mit. Kathrins Vater ist ein liberaler Wirtschaftsprofessor, die Mutter hat eine Hauswirtschaftsfachschule besucht, kümmerte sich dann aber um die drei Kinder, heute um die drei Enkel, denn beide Brüder von Kathrin sind schon verheiratet und haben Kinder. Der eine Bruder ist heute ebenfalls Juniorprofessor, der zweite Bruder, 26 Jahre alt, ist gerade als Jurist bei einem mittelständischen Unternehmen eingestiegen. Kathrin, mittlere Schwester, wird Erzieherin, obwohl sie ein sehr gutes Abitur gemacht hat. Heute, mit 28 Jahren, fünf Jahre nach Beendigung der Ausbildung, hat sie Probleme mit ihrem Job. Eigentlich findet sie es gar nicht so spannend, mit Kindern zu arbeiten, sie langweilt sich im Kindergarten. Gleichzeitig kann sie den Geräuschpegel nicht mehr vertragen. Sie hat bereits einen Hörsturz gehabt und ist in einer beruflichen Krise. Was soll sie machen? Sie würde ja eigentlich gerne noch Sozialwissenschaften studieren, aber jetzt hat sie das Gefühl, dass sie dafür zu alt ist. Gleichzeitig zögert sie bei dem Gedanken an ein Studium ganz grundsätzlich. Vielleicht nimmt sie auch einfach etwas von dem Geld, das ihr Großvater ihr auf der Bank angelegt hat, und wird eine Weile Weltenbummlerin oder macht irgendwo mit diesem Startkapital ein Café mit leckeren Kuchen auf. Doch jetzt muss erst mal dieser wahnsinnige Tinnitus besser werden.

Als wir Kathrins Genogramm durchsprechen, fällt zunächst auf, dass sie offensichtlich die Einzige der Geschwister ist, die nicht studiert hat, sondern »nur« eine Fachschule absolviert hat. Auf die Frage, wie das käme, erzählt Kathrin, dass sie zwar sogar einen besseren Schulabschluss gemacht habe als einer ihrer Brüder (neben Mathe und Deutsch lagen ihr auch musische Fächer wie Theater, Literatur und Kunst), doch irgendwie hatte sie keine Lust, ein langes Studium zu machen. »Die anderen haben das alles doch schon gemacht, ich wollte was anderes machen.« Auf die Frage, was der innere Antrieb dazu war, ausgerechnet Erzieherin zu werden, weiß Kathrin keine Antwort. »Ich dachte halt damals, das macht Spaß.« Ich erkläre ihr, dass ihr Verhalten typisch für ihr Genogramm ist: Zwar haben in ihrer Familie restlos alle Männer studiert und bekleiden oder bekleideten gute Positionen, was eigentlich für Kathrins Motivation, selbst die akademische Laufbahn einzuschlagen, eine gute Basis wäre, quasi eine Art Rückenwind.

Andererseits ist in ihrer Sippe keine einzige Frau, die studiert hat oder lange oder erfolgreich in einem Beruf gearbeitet hat. Die Großmütter waren Hausfrauen, die Mutter letztlich auch. Dazu ist Kathrin die einzige Tochter. Auf ihr lastet also in der Familiendynamik ein großer Druck: Sie hat nämlich die unausgesprochene Aufgabe, den Frauen in ihrer Familie Solidarität entgegenzubringen, deren Art zu leben zu stützen und weiter fortzuführen, was diese vorgelebt haben. Eine Anmerkung dazu: Das Prinzip der Solidarisierung ist eine sehr grundlegende Sippendynamik, die wir noch häufiger in den Beispielen finden werden. Die Auswirkungen sind allerdings von Mensch zu Mensch und von Familie zu Familie ein wenig unterschiedlich. Bei Kathrin ist der Druck durch die Familie stark, weil sie die einzige Tochter ist. Auch wenn es ihr also in keiner Weise bewusst ist: Durch ihre Entscheidung, Erzieherin zu werden, wählt Kathrin einen ähnlichen Weg wie die Großmütter und die eigene Mutter, die eine Hauswirtschaftschule abgeschlossen und danach Kinder erzogen hat – und genau das tut ja auch eine Erzieherin. Als ich Kathrin das erläutere, reagiert sie zunächst etwas abwehrend. Sie erlebt die Wahl des Erzieherberufs weitgehend als freie Entscheidung. Doch je mehr sie darüber nachdenkt, desto einleuchtender scheint ihr die Sache. Sie erzählt spontan, dass sie als Kind unfreiwillig immer wieder nah an die Mutter gerückt wurde. Manchmal gingen die Brüder mit dem Vater in den Golfclub oder auch mal ins Fußballstadion, sie sollte dagegen mit der Mutter zum Reiten gehen. Schon damals habe sie es nicht gemocht, dass sie der Mutter zugeordnet wurde, wäre viel lieber mit den Brüdern gegangen. Diese Anekdote zeigt natürlich nur einen Bruchteil des Gefühls – »Du gehörst an die Seite deiner Mutter« –, das Kathrin geprägt hat. Die unbewusste Loyalität gegenüber der gesamten Ahnenreihe ist sehr viel stärker.

Kathrin und ich formulieren also einen Erkenntnissatz zu der Bindung an die mütterliche Linie. Er lautet:

» **Ich gehöre noch zu den Frauen in meiner Familie, auch wenn ich studiere und mich beruflich verwirkliche.** «

Was Kathrin im System bei der freien Berufsentscheidung darüber hinaus noch hemmt, ist die Tatsache, dass die mütterliche Großmutter Vermögen mitbringt. Das bedeutet, Kathrin wurde im Familiensystem auch vorgelebt, dass Frauen nicht arbeiten müssen und trotzdem vermögend sind – wenn sie sich an die Regeln des Systems halten, also Kinder versorgen und den Männern ihre tradierte Rolle überlassen. Durch solches Vermögen wird die Bindung an die Familie stärker. Tatsächlich erzählt Kathrin im Gespräch ja auch, dass sie plant, Geld, das sie vom Großvater bekommen hat, für ihre neuen Berufspläne einzusetzen.

Noch ein weiterer Punkt: Ich spreche mit Kathrin auch darüber, dass sie für ihren weiteren Berufsweg noch mal genau überdenken soll, was ihr entspricht, und rate ihr, sich etwas Zeit zu lassen, bevor sie den nächsten beruflichen Schritt macht. Denn auch ihre Idee, ein Café aufzumachen, ist letztlich eine Solidarisierung mit der Mutter, die ja Hauswirtschaft gelernt hat und in der Familie andere »bewirtet« hat. Falls sie am Traum vom Café nach reiflicher Überlegung immer noch festhalten würde: gut. Dennoch war es mir in dem Fall wichtig, der Sache ein bisschen Zeit zu lassen.

Im Laufe der nächsten Monate entwickelt Kathrin dann tatsächlich eine ganz eigene Vorstellung von dem, was sie machen will. Sie wird eine Zusatzausbildung in Theaterpädagogik machen, eine Sache, die sie liebt. Außerdem macht sie bei einem Theaterprojekt für Jugendliche ein Praktikum.

Sie verwendet dazu das Geld ihres Großvaters. Dazu formuliert sie in einer weiteren Sitzung den Satz:

» **Ich darf das Geld meiner Ahnen für meinen Traumberuf einsetzen – und gehöre trotzdem in mein System.** «

Die beiden Sätze sind für Kathrin seither eine gute Erinnerungshilfe und eine gute Orientierung.

Die Situation von Kathrin ist kein Einzelfall. Ich erlebe sehr viele Frauen in der Praxis, die den inneren Auftrag haben, die eigene Mutter zu »solidarisieren«. Ganz egal, ob es sich grundsätzlich um eine Arbeiter-, Angestellten- oder Akademikerfamilie handelt, wenn Töchter die ersten Frauen in der Sippe sind, die so viel Bildung erwerben, dass sie studieren könnten oder eine sehr gute Ausbildung machen können, setzt häufig ein Programm zur Solidarisierung mit den Müttern ein, die nicht studiert haben. Sehr oft wählen diese Frauen ein Studium der Sozialarbeit, Sozialwissenschaften oder werden Grundschullehrerinnen – akademische Berufe, bei denen sie wiederum nah an der Mutter sind, weil sie wie diese »mit Kindern arbeiten«. Manchmal passt das sehr gut. Manchmal finden sich die Frauen ein paar Jahre später aber auch mit der Frage wieder, warum sie nun ausgerechnet eine Arbeit mit Kindern gewählt haben, obwohl sie gar kein wirkliches Händchen dafür haben.

Den umgekehrten Zusammenhang gibt es übrigens auch: Frauen, deren Mütter ein Studium absolviert haben oder deren Großmütter bereits jenseits der Familie öffentliche Positionen oder Berufe ausübten, zum Beispiel als Künstlerin, Frauenrechtlerin, Ärztin, erleben es als viel selbstverständlicher, selbst ein Studium zu machen. Sie segeln dann quasi im Rückenwind ihrer Ahnen in eine akademische Laufbahn.

Faustregeln

- Frauen solidarisieren sich eher mit weiblichen Ahnen, mit Müttern oder Großmüttern. In vielen Fällen richten sie sich in ihrer Berufswahl oder in dem Grad des beruflichen Erfolgs nach dieser weiblichen Linie – auch wenn es oberflächlich gar nicht so aussieht.
- Wenn in der gesamten Sippe keine Frau studiert hat, haben es Töchter und Enkelinnen, also die Frauen von heute, schwerer, in einem Studium oder Beruf erfolgreich zu sein oder sich überhaupt für ein Studium zu entscheiden.
- Die Berufswahl hängt entscheidend davon ab, welche Berufe im System vorgelebt werden. Sehr häufig wählen Menschen ähnliche Berufe wie die Eltern, Großeltern oder Ahnen, verfolgen einen Aspekt aus deren Arbeit weiter.
- Frauen, die im Familiensystem wenig andere Frauen finden, die einen Beruf gelernt haben oder studiert haben, finden oft folgende Notlösung: Sie ergreifen einen Beruf, der mit Kindern zu tun hat, und »solidarisieren« sich so zum Teil mit dem Lebensmodell von Müttern und Großmüttern.

ÜBUNG

Meine Mutter, meine Großmütter – ihre Berufe und ihre Leitsätze

Die folgende Übung richtet sich an Frauen. Es geht darum, sich klarzumachen, was unsere Mütter und Großmütter jeweils für ein berufliches Erbe beziehungsweise einen beruflichen Schatz an uns übergeben haben. Schreiben Sie zunächst den Beruf Ihrer Mutter sowie den Beruf Ihrer beiden Großmütter auf einen Zettel. Stellen Sie auch Tätigkeiten dazu, mit denen die Mutter beziehungsweise Großmutter zusätzliches Geld für die Familie verdient hat, beispielsweise Schneidern für den Bekannten- und Nachbarschaftskreis, Putzhilfe etc. Dann schreiben Sie jeweils zwei wichtige Sätze auf, die Ihre Mutter und Ihre Großmütter Ihnen bezüglich des Berufs und bezüglich des Lebens mitgegeben haben. Bei der Mutter könnte etwa stehen: »Wenn du dich anstrengst, dann schaffst du etwas, das ich nicht geschafft habe.« Bei der Großmutter könnte stehen: »Bleib anständig«, oder: »Mädchen müssen keinen Beruf lernen«, oder aber: »Wenn du schlau bist, machst du was aus deinem Leben und studierst.« Bei Ihrer Mutter wissen Sie wahrscheinlich schnell den genauen Wortlaut der Sätze, bei den Großmüttern müssen Sie vielleicht improvisieren. Falls Sie keine konkreten Sätze erinnern oder Ihre Großmütter nicht kannten, versuchen Sie intuitiv einen großmütterlichen Satz zum Thema aufzuschreiben. Schauen Sie sich das Blatt mit den Berufen und Sätzen noch einmal an und fügen Sie unten in Blockbuchstaben Ihren eigenen Beruf und Ihren eigenen Satz an, zum Beispiel: »Mir geht es um Sinn und Gerechtigkeit in meinem Beruf«, oder: »Ich will mich bei der Arbeit verwirklichen und Freude haben.«

Sie können an dieser Übung sehen, wie sehr die Sätze der mütterlichen Linie Sie jeweils stärken oder schwächen, wie sehr sie jeweils zu Ihrem Weg passen oder eben nicht. Falls Sie mehr als zwei blockierende Sätze auf Seiten der Großmütter oder der Mutter aufgeschrieben haben, betrachten Sie sich zumindest zum Teil in beruflichen Dingen als blockiert. Auch wenn Sie beruflich erfolgreich sind oder sich sehr stark vom Lebens- und Berufsbild Ihrer mütterlichen Ahnen entfernt haben, kann es sein, dass deren Sätze dennoch unbewusst weiter wirken. Machen Sie sich klar, dass diese Botschaften zumindest dann unterschwellig wirken können, wenn es um Berufsentscheidungen, etwa um eine angebotene Führungsposition, geht. Oder wenn die Frage im Raum steht, wie Sie Arbeit und das Leben mit Kindern vereinbaren können. Auch wenn beide Fragen gerade nicht akut in Ihrem Leben anstehen, behalten Sie diese möglichen Zusammenhänge für kommende Lebensentscheidungen im Hinterkopf.

Und: Markieren Sie sich außerdem einen Satz oder einen »mütterlichen« Beruf auf Ihrem Zettel, den Sie mögen. Vielleicht mögen Sie die Einstellung der Oma, die Schneiderin war und »wollte, dass alles schön aussieht«, oder die Stimme einer anderen Verwandten, die Ihnen vermittelt hat: »Ich freue mich an meinem Beruf.« Machen

Sie sich diese stärkende Stimme immer mal wieder bewusst oder kleben Sie sich den stärkenden Satz an eine sichtbare Stelle in der Nähe Ihres Schreibtischs.

FALL III: Erfolgreiche Frauen – und erfolglose Männer

Das Beispiel von Kathrin zeigt bereits sehr deutlich, dass Frauen, wenn sie sich im Beruf orientieren, oft sehr gebunden sind an die Berufswege, die von den eigenen Müttern und Großmüttern vorgelebt wurden. Nun gibt es aber in der modernen Welt glücklicherweise immer mehr Frauen, die sich im Berufsleben sehr selbstbewusst bewegen und Karrieren machen – auch wenn sie in ihrem Familiensystem zur ersten Generation Frauen gehören, die studieren, die Chefinnen werden, die sich eine technische, betriebswirtschaftliche oder medizinische Expertise aneignen und damit sehr erfolgreich sind. Die Welt ist heute voll von erfolgreichen Managerinnen, Künstlerinnen, Beraterinnen, voller selbstbewusster Kleinunternehmerinnen, die allein einen schicken Friseurladen, eine Personalvermittlung, ein Restaurant betreiben. Es ist sehr gut, dass Frauen mittlerweile selbstverständlich diese Positionen übernehmen und sich ihre Freiräume im beruflichen Feld erobern. Dennoch ist diese Übernahme von ganz neuen Aufgaben und Positionen für sehr viele Frauen mit einem immensen inneren Stress verbunden. Je weiter man aus dem eigenen Sippenkodex ausbricht, desto mehr Stress und Belastung entsteht in der Regel. Wenn man als Tochter aus einer Bauernfamilie – in der Frauen höchstens bei der Ernte halfen und auch keiner der Männer vorangegangener Generationen studiert hat – plötzlich im Vorstand einer Versicherung sitzt oder wenn man als Tochter einer Familie mit lauter kleinen Postangestellten, durch Fleiß, Talent und Ehrgeiz ein erfolgreiches Modelabel aufbaut, dann ist das natürlich beachtlich und sieht bei vielen sogar einfach aus. Auf einer unbewussten Ebene vergrößern solche Erfolgswege aber den gefühlten Abstand zur eigenen Sippe enorm. Auch wenn es bitter klingt, wird dadurch ein Spannungsfeld erzeugt, eine Art Schuld der eigenen Sippe gegenüber. In diesem Konflikt fühlen sich manche Frauen dann zu einer Art Wiedergutmachung gezwungen.

Ich habe in meiner Praxis etwa oft Frauen gesehen, die sich mit großen Leistungen und Erfolgen sehr weit vom eigenen Familiensystem entfernt haben und zugleich auf einer unbewussten Ebene in einem anderen Bereich in einer Art Verzicht- und Sabotageprogramm gefangen waren. Viele dieser erfolgreichen Frauen verzichten etwa auf eine glückliche Partnerschaft und auf Kinder. Das betrifft nicht nur die Klientinnen in meiner Praxis. In der Generation der heute 45- bis 49-Jährigen sind 28 Prozent der Akademikerinnen ohne Kinder, bei den Nichtakademikerinnen sind es nur 22 Prozent. In früheren Jahren, etwa bei der gleichen Messung im Jahr 2008, war die Diskrepanz zwischen Akademikerinnen und Nichtakademikerinnen noch höher.[23] Zahlen wie diese sind natürlich auch den gesellschaftlichen Verhältnissen geschuldet, dass Kinder und Karriere nach wie vor für Frauen schwer zu vereinbaren sind. Wenn man mit Genogrammen und Sippenstrukturen arbeitet, fällt aber auch auf, dass Frauen, die kinderlos bleiben, sehr oft solche sind, die sich »hochgearbeitet« haben und die Regeln, Gepflogenheiten und Vermögensverhältnisse der eigenen Sippe verlassen haben. Am Klischee der einsamen Karrierefrau ist also nicht nur »ein bisschen was dran«, es finden sich auch in sehr vielen Sippenstrukturen Dynamiken, die dieses Alleinbleiben unbewusst begünstigen.

Eine andere scheinbare Lösung des Drucks, den erfolgreiche Frauen aus Familien ohne akademischen Hintergrund gelegentlich wählen, bezieht sich auf Beziehungen. Immer wieder habe ich Konstellationen gesehen, in denen Karrierefrauen, die über Jahrzehnte erfolgreich waren, sich einen eher erfolglosen, vielleicht sogar problembeladenen Mann als festen Partner aussuchten. Im kompliziertesten Fall handelt es sich um Männer, die große Schwierigkeiten mit dem eigenen Leben haben, etwa ein Suchtproblem mitbringen oder in einer anderen Lebensphase Schulden angehäuft haben. Im harmloseren Fall kann es auch ein Mann sein, der für die Frau die Werte der eigenen Sippe solidarisiert, das heißt einer, der im Gegensatz zu ihr eher kein Akademiker ist, sondern ein Handwerker, Bauer, Angestellter oder Arbeiter, wie die Eltern und Großeltern es waren. Es ist auffällig, dass diese Verbindungen – auch wenn diese Ehemänner oder festen Partner nach landläufiger Meinung vielleicht gar nicht die perfekten Schwiegersöhne sind – in der Generation der Eltern und Großeltern der Frau oft sehr freundlich aufgenommen werden. Sie werden als »gut zur Familie passend« wahrgenommen. Das hat natürlich damit zu tun, dass diese Männer mit ihrem Beruf und ihrer Lebensart ja tatsächlich oft näher an der Familie der Partnerin dran sind als die Frau selbst. Ob solche Beziehungen glücklich oder unglücklich sind, hängt natürlich noch von sehr vielen anderen Faktoren ab. Fest steht, dass Verbindungen dieser Art häufig nicht nur aus purer Liebe geschlossen werden, sondern in dem unbewussten Gefühl, etwas gutmachen zu müssen und sich durch die Partnerwahl wieder mehr an die eigene Sippe anzunähern.

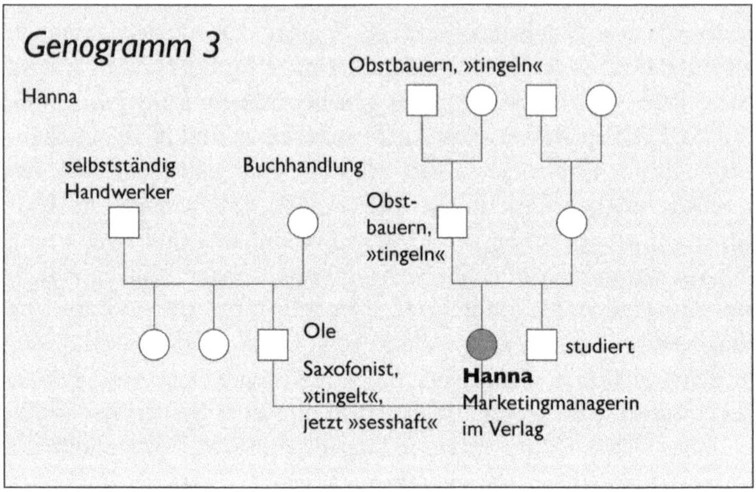

Eine Frau, die mit einer solchen Konstellation in meine Praxis kam, war Hanna. Die 35-Jährige, deren Eltern einen kleinen Obstbauernhof in Schleswig-Holstein betreiben und Obst auf umliegenden Märkten verkaufen, ist selbst erfolgreiche Marketingmanagerin, hat nach einem Fachhochschulstudium in BWL sofort eine Anstellung in einem großen Verlag bekommen und dort eine steile Karriere gemacht. Ihre Bodenständigkeit und ihre blitzgescheite und freundliche Art haben ihr den Weg geebnet. Sie fiel früh als eine Person auf, die mit Zahlen ebenso gut umgehen kann wie mit Mitarbeitern und mit Krisensituationen. Hanna verdient mittlerweile sehr gut und hat sich vor drei Jahren in der Nähe ihrer Eltern einen Bauernhof gekauft und ihn restaurieren lassen. Dort lebt sie zusammen mit ihrem langjährigen Partner, einem Jazzmusiker, der in verschiedenen Formationen Saxofon spielt. Zwischen den Partnern gibt es immer mal Streit, weil Hannas Freund Ole häufig unterwegs ist, nicht viel Geld hat, beim Kauf des Hauses nicht beteiligt war und quasi mietfrei bei Hanna wohnt. Hanna erlebte die Beziehung in finanziellen Dingen eigentlich von Anfang an als ungleich und beschwerte sich darüber auch immer mal bei Ole darüber. Dennoch wundert sie sich, dass der Streit des Paars in der letzten Zeit so aus dem Ruder gelaufen ist, dass Hanna nach sechs Jahren Beziehung nun über Trennung nachdenkt. Besonders stutzig macht Hanna die Tatsache, dass der Streit schlimmer geworden ist, seit Ole einige Monate zuvor ein festes Engagement im Orchester eines Musicaltheaters angenommen hat und nun auch ein festes Gehalt verdient. Darüber hinaus redet er in der letzten Zeit häufiger von Kindern. Hanna versteht sich selbst nicht ganz: Sie ärgert sich über diese Veränderung, besteht außerdem vehement darauf, in den nächsten Jahren noch keine Kinder zu wollen.

Weil sie ihr Verhalten und den plötzlichen dramatischen Clinch in der Beziehung selbst nicht ganz einordnen kann, wendet sich Hanna an eine Freundin, die meine Arbeit von einer Fortbildung kennt und ihr empfiehlt, mit diesem Problem zu mir zu gehen. Hanna kommt reichlich geladen, mit der konkreten Frage, ob sie sich nun trennen soll – oder eher nicht. Bei der Arbeit mit Hannas Genogramm über mehrere Generationen wird rasch klar, dass sich die Kleinbauerntochter, deren Eltern ihre Ernte auf Märkten verkaufen, einen festen Freund gesucht hat, der als wenig erfolgreicher und eher prekär lebender Musiker ihren beruflichen Erfolg und ihre finanzielle Sorglosigkeit ausgleicht – und der so quasi Ruhe ins Familiensystem bringt. Ole ist also eine Art Verbindungsstück, ihr Solidaritätsangebot der eigenen Familie gegenüber. Darauf angesprochen fällt Hanna auch tatsächlich ein, dass ihre Eltern Ole von Anfang an als »einen von ihnen« ansahen und immer mal wieder äußerten, dass sie froh seien, dass »Hanna so einen netten Freund hat und nicht so einen Karrieretypen ins Haus schleppt«. Dass Ole mit seiner toleranten und bodenständigen Art sich mit den Eltern gut versteht, räumt Hanna ebenfalls ein. Im Laufe der Sitzung versuche ich Hanna klarzumachen, dass Oles gegenwärtige Bemühungen, ein festes Einkommen zu generieren und sich sozusagen aufs »Familiengründen« vorzubereiten, das unbewusste Arrangement mit der Sippe kippt. Deshalb stemmt Hanna sich gegen die eigentlich gewünschte und herbeigesehnte Entwicklung. Denn wenn Ole festes Geld verdient und auch noch Kinder mit ihr bekommt und aufzieht, ist der Ausgleich für Hannas beruflichen Erfolg nicht mehr gegeben. Das ist so bedrohlich, dass Hanna sogar in der Kinderfrage einen riesigen Schritt zurückgeht. Denn als ich sie frage, gibt sie zu, dass sie »sich durchaus vorstellen kann, bald eigene Kinder zu haben«. Und eigentlich hält sie Ole auch für einen guten Vater und will mit ihm zusammenbleiben. Wir erarbeiten in einer einzigen Sitzung mit Hanna, wo die Blockaden liegen: dass ein Mann, der nicht in einer komplett abhängigen und prekären Situation bleibt, ein Mann, der sich verantwortungsvoll um Kinder kümmert, nicht so gut ins Familiensystem passt, wie Hanna es oberflächlich betrachtet vielleicht denken würde. Nicht nur, dass sie auf einer bewussten Ebene Angst davor hat, dass ihr Freund immer stärker wird. Auf einer unbewussten Ebene braucht sie ihn als Systemstabilisator. Wir lösen die Blockade, indem wir verschiedene Sätze extrahieren und ich eine energetische Arbeit dazu mache. Der wohl wichtigste Erkenntnissatz, den Hanna mitnimmt, ist:

> **Ich gehöre in meine Sippe, auch wenn ich beruflich erfolgreich bin, eine gleichberechtigte Beziehung führe und eine Familie gründe.**

Ob Hanna und ihr Freund tatsächlich Kinder bekommen haben, weiß ich nicht. Allerdings habe ich ein halbes Jahr nach der Beratung eine Mail bekommen, in der Hanna mir berichtete, dass das Paar viel weniger Streit habe, glücklicher sei und gerade eine gute Zeit verlebe. Und das, obwohl Ole die feste Stelle als Musiker im Musicalensemble übernommen hat.

Faustregeln:

- Akademikerinnen oder beruflich sehr erfolgreiche Frauen, die aus eher einfachen Verhältnissen kommen, kompensieren ihren »Systemverrat« oft mit einem Partner, der weniger erfolgreich ist als sie selbst oder sogar Probleme wie Drogenkonsum oder Schulden mit in die Beziehung bringt.
- Viele feste Beziehungen zwischen einer erfolgreichen Frau und einem weniger erfolgreichen Mann werden oft erst dann instabil, wenn der Mann erfolgreicher wird.

ÜBUNG
Meine Bremsklötze

Wir alle haben verschiedene Menschen im Bekannten- und Freundeskreis. Einige tun uns sehr gut und stärken uns. Andere stressen uns, werfen uns zurück, nehmen Zeit und Nerven in Anspruch. Die bekannte Kreativitätstrainerin Julia Cameron nennt diese eher hemmenden und bremsenden Menschen »Verrücktmacher«[24] und ist der Meinung, dass sie uns daran hindern, erfolgreich, kreativ und froh zu sein. Der renommierte Psychotherapeut Hamid Peseschkian nennt diese Sorte Menschen in unserem Leben »Psychovampire«[25]. In der Regel versteht man intuitiv, um welche Art Menschen es geht, und hat direkt Beispiele vor Augen. Geht es Ihnen auch so? Gut. Dann nehmen Sie sich einen Zettel und Stift und schreiben Sie drei Menschen aus Ihrem Freundeskreis, Bekanntenkreis oder aus der Familie auf, die für Sie spontan in diese Kategorie fallen. Haben Sie die Namen gefunden? Falls Ihnen das schwerfällt, machen Sie sich klar: Das liest ja keiner.

Schreiben Sie jetzt zu jeder der genannten Personen dazu, woran diese sie jeweils ganz konkret hindern. Es reicht meistens ein kurzer, prägnanter Satz. Wenn Ihnen also etwa als ein energieraubender Mensch »meine Freundin Maria und ihre Männergeschichten« einfällt, dann überlegen Sie sich jetzt auch, wo Ihnen dieses Verhalten in Ihrem Leben Energie raubt. Vielleicht stellen Sie fest, dass Sie die Freundin Maria immer dann anrufen, wenn es Ihnen eigentlich sehr gut geht. Dann bremsen Sie mit Hilfe des Kontaktes zu dieser Person Ihre Lebensfreude. Dann schreiben Sie: »Bremst meine Lebensfreude.« Oder sie stellen fest, dass Maria sich immer dann meldet, wenn Sie sich auf Ihre Arbeit konzentrieren wollen. Dann hindert Sie dieser Kontakt am effektiven und versunkenen Arbeiten. Versuchen Sie für jede Person einen möglichst genauen Satz zu finden. Und dann lassen Sie diese Sätze auf sich wirken.

Um die Blockade zu durchbrechen, können Sie jetzt noch einen Schritt weitergehen: Geben Sie der anderen Person auf keinen Fall die Schuld an der Blockade, sondern überlegen Sie sich, warum Sie sich selbst hindern, zum Beispiel am effektiven Arbeiten oder an der eigenen Lebensfreude. Versuchen Sie diese Lebensbereiche ab jetzt bewusst mehr zuzulassen, nehmen Sie sich dafür Zeit und Raum. Oft hilft es, wenn man selbst die Verantwortung für die Blockaden und Bremsklötze übernimmt.

FALL IV: Haken, Fließbänder, Marktstände – oder warum Details in Berufsfragen wichtig sind

Wenn man über Familien und ihre Berufe spricht, dann kommt man in der Genogrammarbeit häufig auf scheinbar ganz nebensächliche Details zu sprechen, die aber entscheidend sind und von nachfolgenden Generationen oft unbewusst und doch sehr zuverlässig wiederholt und übernommen werden. Betrachtet man beispielsweise noch mal das Beispiel von Hanna aus dem letzten Abschnitt, ist ein solches kleines und wichtiges Detail, dass ihre Eltern einen Marktstand haben, mit dem sie verschiedene Orte abklappern und dort Obst verkaufen – also letztlich für ihre Arbeit herumfahren und jeden Tag an einem anderen Standort arbeiten. Hanna selbst hat diesen Modus des mobilen Arbeitens nicht übernommen, sie geht jeden Tag in einen Konzern zur Arbeit, ins selbe Büro und an denselben Schreibtisch. Da Fahren zu verschiedenen Arbeitsstandorten aber extrem prägend für die Sippe von Hanna ist und eine lange Tradition hat – sogar die väterlichen Großeltern haben schon auf diese Weise ihre Produkte verkauft und ihr Geld verdient –, ist anzunehmen, dass bereits dieser scheinbar kleine Unterschied zwischen Hannas Arbeitsweise und der Arbeitsweise ihrer Sippe unterbewusst einen gewissen Stress verursacht. Ob es nun ein Zufall ist oder nicht – das Prinzip des Herumfahrens, um einen Job auszuüben, gibt es zwar in Hannas Beruf nicht. Doch bei ihrem Lebenspartner, dem Jazzmusiker Ole, findet sich genau diese Struktur des Herumreisens wieder: Er bietet in verschiedenen Städten auf verschiedenen Bühnen seine Saxofonkünste dar und verdient damit sein Geld. Und da er diesen Beruf ja bereits ausgeübt hatte, als die beiden sich kennengelernt haben, kann man davon ausgehen, dass in Hannas Unbewusstem die Info »Ich ziehe herum, um mein Geld zu verdienen« etwas sehr Gewohntes und Vertrautes war – und sie sich auch deshalb zu dem Jazzmusiker Ole hingezogen gefühlt hat.

Feinheiten, Stile und Haltungen, in denen Vorfahren und Verwandte ihre Berufe ausgeführt haben, spielen also bei der Gestaltung unserer eigenen Berufe oder bei der Suche nach einem Partner ebenfalls eine Rolle. Auch wenn natürlich nicht jede Kleinigkeit bedeutsam ist, ist es immer wieder wichtig, die Umstände abzuklopfen, in der die eigene Sippe hauptsächlich gearbeitet hat. Es prägt beispielsweise sehr stark, ob es in der eigenen Familie viele Angestellte oder viele Selbstständige gibt und gegeben hat. Ich habe oft festgestellt, dass es in einer Familie von mehreren Unternehmern und Selbstständigen für die Kinder- und Enkelgeneration spürbar leichter ist, wiederum eine Selbstständigkeit aufzubauen oder sich als Unternehmer zu etablieren. Umgekehrt tun Kinder und Enkel von Beamten und Angestellten sich häufig auch mit einer sicheren Laufbahn in einer Behörde oder in einem Konzern leichter, können sich besser in feste Arbeitszeiten und Zwänge einfügen. Das lässt sich natürlich auch dadurch erklären, dass Kinder von Unternehmern am Modell lernen können, wie Unternehmer ticken und arbeiten, dass etwa an Wochenenden auch mal gearbeitet wird, man aber andererseits niemanden akzeptiert, der einem sagt, wann ganz genau Feierabend sein soll. Neben einem solchen klassischen Lernen am Modell habe ich aber auch immer wieder festgestellt, dass Kinder von Unternehmern quasi innerlich grünes Licht dafür haben, sich selbst wiederum selbstständig zu machen. Kinder von Angestellten fühlen sich dagegen immer dann richtig und passend, wenn sie sich feste Arbeitgeber suchen.

Ein weiterer Umstand, der manchmal auf die Nachkommen übergeht, sind die Stimmung, die Haltung und die Intensität, in der die Vorfahren ihre Arbeit gemacht haben. Eindrücklich in Erinnerung geblieben ist mir in diesem Zusammenhang eine Klientin, die einen eigenen Friseurladen in einer großen süddeutschen Stadt betreibt. Die Klientin, nennen wir sie Marion, hat mehrere Angestellte, der Laden läuft gut und eigentlich macht ihre Arbeit ihr Freude. Dennoch kam sie zu mir in die Beratung, weil sie abends nach der Arbeit immer völlig fertig war: »Nach jedem einzelnen Kunden habe ich das Gefühl, so, jetzt mache ich einen Haken dran – und bin vollkommen erschöpft«, sagt Marion bei unserer ersten Begegnung. Es komme ihr vor, als müsse sie eine Liste machen und Kunde für Kunde abhaken und abarbeiten. Abends falle sie ins Bett, als hätte sie den ganzen Tag körperliche Schwerstarbeit geleistet. Nachdem sie das berichtet hat und dieses Gefühl auch tatsächlich als ihr explizites Problem benannt hat, habe ich mir ihr Genogramm daraufhin angeschaut, was für Berufe und Berufserfahrung in ihrer Familie vorherrschten.

Ihre Mutter und ihre Großmütter sind Hausfrauen gewesen, der Vater war Hafenarbeiter und hatte täglich beim Verladen von Kisten und Säcken geholfen und körperlich schwer gearbeitet. Der Großvater war in einer Fischräucherei beschäftigt. Er hat Aale an einen Haken gehängt und nach dem Räuchern wieder aus dem Ofen genommen. Wenn man sich das anschaut, sieht man gleich die beinahe absurde Parallele, dass der Großvater Haken an Fische gemacht hat und Marion im Gespräch das Gefühl beschreibt, sie müsse »einen Haken an jeden Kunden machen«. Gleichzeitig fühlt sie sich nach jedem Arbeitstag gerädert wie ihr Vater, dem seine Arbeit keinen Spaß machte und der Tag für Tag einem Knochenjob am Hafen nachging. Marion hatte also unbewusst die Gefühle ihres Vaters bei seiner Arbeit übernommen und kopierte quasi seine Erschöpfung. Marion hatte aber nicht nur unbewusst Gefühle aus ihrer Sippe wie-

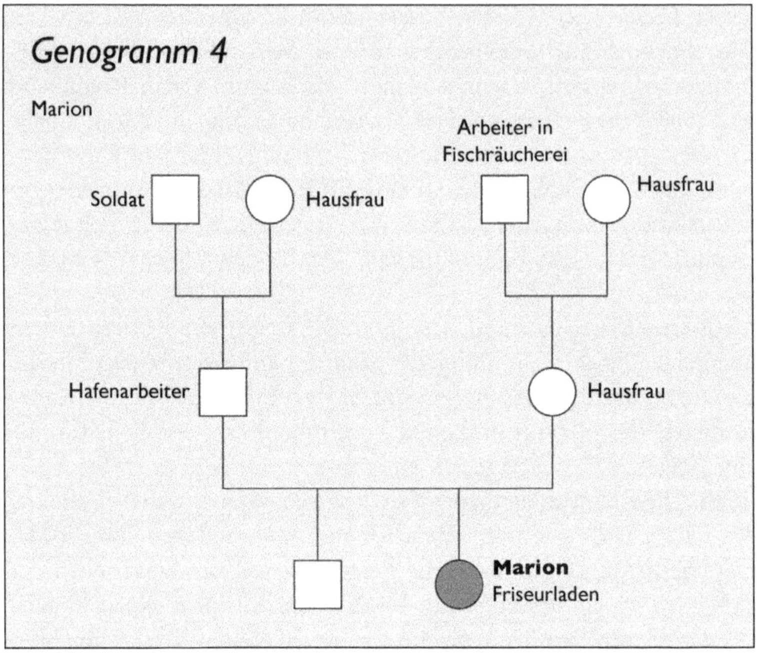

derholt. Es wirkte auch noch eine Art Verbot mit, das Marion zusätzlich erschöpfte: Haare zu schneiden und andere Menschen zu frisieren und zu beraten, ist ein kreativer, ein ästhetisch schöner Job. Wenn in der eigenen Familie kein einziger Vorfahre mit Menschen in einer kreativen und freudvollen Weise gearbeitet hat, kann dadurch ein Verbot auf der gesamten Arbeit liegen – und so den Arbeitsalltag zäh machen und erschweren, wie es bei Marion der Fall war.

Nachdem wir all diese kleinen und zum Teil beinahe spitzfindigen Parallelen gefunden hatten, war Marion nicht nur verblüfft, sondern letztlich ziemlich erleichtert. Wir lösten die Blockaden energetisch auf und in der Zeit danach war Marion zwar abends nach der Arbeit müde – aber nicht mehr so kaputt und zerschlagen wie vorher. Sie hatte die emotionale Prägung aus der Sippe ein Stück weit loslassen können.

Faustregel

- Die Stimmung, in der unsere Großväter, Großmütter und Eltern ihre Arbeit gemacht haben, überträgt sich auf uns selbst.

- Je problematischer das Verhältnis von Vorfahren zu ihrer Arbeit ist, desto eher überträgt sich das Gefühl von Überforderung, Erschöpfung, Unzufriedenheit oder Langeweile.
- Wer selbstständige Eltern und/oder Großeltern hat, dem fällt es oft leicht, ebenfalls selbstständig zu sein. Wer angestellte Eltern und Großeltern hatte, der kann oft leichter ebenfalls als Angestellter arbeiten. In beiden Fällen wiederholt man leichter das berufliche Programm aus der eigenen Familie.
- Gibt es in der Sippe vor allem Jobs, die an einem Ort ausgeübt werden, wird auch den Nachfahren wahrscheinlich ein sesshafter Job leichter fallen. Haben viele Sippenmitglieder Jobs mit Reisetätigkeit ausgeübt, ist diese Art Arbeit für uns oft leichter und selbstverständlicher.

ÜBUNG
Der Arbeitsstil in unserer Familie

Schauen Sie sich in Ihrer eigenen Familie ein wenig um. Nehmen Sie Ihre Eltern, Ihre beiden Großelternpaare und Ihre Urgroßeltern in den Blick, vielleicht gucken Sie sich sogar ein Bild an. Dann nehmen Sie Zettel und Stift und beantworten Sie folgende Fragen.

1. Mit welchen Werkzeugen wird in unserer Familie gearbeitet?
2. Wird mit Dingen, Menschen, Tieren, Kunst, Gedanken oder Technik gearbeitet?
3. Wie arbeiten die Menschen in meiner Familie? Schnell oder langsam? Genau oder mit großer Geste? Arbeiten sie hart oder schonen sie sich? Arbeiten sie mit Freude oder mit Widerwillen? Mit Sorge oder mit Sorglosigkeit?
4. Sind die Menschen in meiner Familie selbstständig oder angestellt?
5. Sind sie in ihrem Job beständig und sesshaft oder fahren sie herum und wechseln?

Schauen Sie sich all die Antworten an und vergleichen Sie diese mit Ihren eigenen Wünschen an Ihren Job beziehungsweise mit Ihrem eigenen Job. Wo sind die Parallelen? Wo sind die Unterschiede? Was könnte Ihnen auf einer unbewussten Ebene Stress verursachen? Was gibt Ihnen Rückenwind? Versuchen Sie eine erhellende Erkenntnis festzuhalten.

FALL V: Wir sind Juristen. Und wir sind Bäcker.

Weil das Thema so häufig auftaucht, wenn es um die Berufswahl und den Karriereweg geht, möchte ich noch etwas über Familien erzählen, die über Generationen oder zumindest in einer auffälligen Häufung immer wieder einen Beruf ausüben. Es gibt sie, die Juristen- und Ärztefamilien, die Lehrerfamilien, Bäckerfamilien und die Bauernclans. Die Unternehmerfamilien, die Dynastien von Schauspielern oder Fabrikanten.

Auch wenn nicht jedes Mitglied einer solchen Familie tatsächlich den favorisierten Sippenberuf ergreifen muss, so kommt es dennoch dazu, dass sich jedes Kind und jedes Enkelkind mit diesem Berufsbild innerlich auseinandersetzen muss. Entscheidet sich ein Kind aus einer Juristenfamilie etwa dafür, doch lieber Filmemacher zu werden, wird in ihm eine Art Wissen bestehen bleiben, dass es sich über ein Familiengesetz hinweggesetzt hat – und das verursacht unbewussten Stress. Oft beobachtet man in solchen Sippen, dass für die »abweichenden« Kinder und Enkelkinder der Stress erträglich bleibt, wenn eines der Geschwister den Ball bereitwillig aufnimmt und das Juristen-, Lehrer- oder Ärzteerbe weiterführt. Das ist oft der Zeitpunkt, an dem die anderen Geschwister mit ihren ganz und gar anderen Jobs ein wenig zur Ruhe kommen und sich zum einen nicht ständig fragen, ob sie das Richtige in ihrem Leben machen oder ob sie doch noch wechseln sollten, um – das ist sehr oft das Gefühl, das sich merklich äußert – »doch noch mal was Vernünftiges zu machen«. Der Mechanismus, der in solchen Geschwisterriegen wirkt, ist relativ klar: Einer schafft dann für die gesamte Sippe einen Ausgleich, bleibt dem Familienerbe treu – und die anderen können sich entspannen.

Dass sich solche Familienberufe bei der Wahl von Studienplätzen und Karrierewegen auf eine sehr deutliche, aber auch beim Betroffenen selbst oft sehr unbewusste Art Bahn brechen, zeigen zahlreiche Beispiele. Nehmen wir Sven, einen 20-jährigen Studenten, den ich ausnahmsweise nicht aus meiner Praxis kenne, sondern aus dem weiteren Bekanntenkreis.

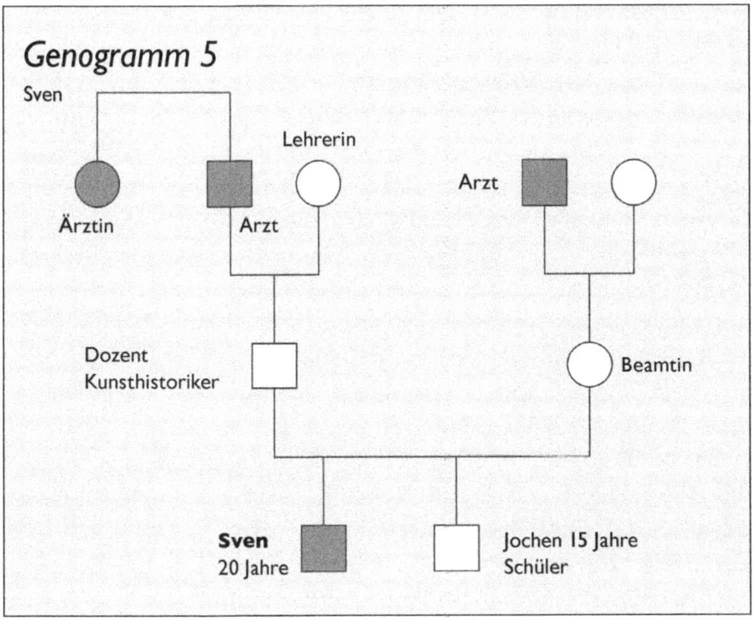

Svens Vater ist Kunsthistoriker und unterrichtet als Dozent an einer Fachhochschule, seine Mutter ist Führungskraft in der Stadtverwaltung. Obwohl Sven sich in seiner Jugend – angeregt durch seinen Vater – sehr für Architektur und Stadtplanung interessiert hat, mit seinem Vater viel in Ausstellungen gegangen ist, Städte bereist hat und Bücher zum Thema Architektur verschlungen hat, interessiert sich Sven nach dem Abitur plötzlich und sehr überraschend für alle, die ihn kennen, für ein Medizinstudium. Dieses Studium liegt bei Sven natürlich schon deshalb nahe, weil er ein sehr gutes Abitur hat und man ihm zutraut, das als anspruchsvoll geltende Studium und den anspruchsvollen Job des Arztes gut zu machen. Dazu kommt, dass seine beiden Großväter Ärzte sind und waren. Offen wurde in der Familie allerdings nie darüber gesprochen, dass die Großväter sich explizit gewünscht hätten, dass ihre Tochter oder ihr Sohn – Svens Eltern – vielleicht auch Mediziner hätten werden können und über deren alternative Wahlen auf eine gewisse Art enttäuscht waren. So hatte etwa Svens Opa väterlicherseits immer wieder betont, dass ein Studium der Kunstgeschichte seiner Meinung nach einzig und allein für weltfremde Menschen gemacht worden sei, die den Realitäten des Lebens entfliehen wollen. Seine Einschätzung: »Das ist doch ein Studium im Elfenbeinturm«, hat er sogar in den Jahren, als Svens Vater längst ein angesehener Dozent war, immer mal wieder kundgetan. Dazu kommt noch, dass bereits in weiter zurückliegenden Ahnenreihen Ärzte in Svens Verwandtschaft bekannt sind. Eine Schwester eines der Großväter ist ebenfalls Ärztin geworden. Und ein Urgroßvater war ebenfalls Arzt. Sven wird also durch die Dynamiken und Vorerfahrungen aus der Familie unbewusst zum Medizinstudium hingezogen. Man kann das so erklären: Svens Eltern sind für die Ärztesippe quasi eine verlorene Generation. Die Enkelgeneration spürt nun unbewusst den Druck, die Familientradition fortzuführen. Bei Sven äußert sich das so, dass er zunächst überlegt hat, Architektur zu studieren, was seiner Neigung entsprechen würde, sich dann dafür interessiert hat, BWL zu machen, weil man da viel Geld verdient, um sich dann plötzlich und ganz ruhig und scheinbar traumwandlerisch sicher auf ein Medizinstudium zu bewerben.

Bei der Berufswahl äußert sich die Wirkung solcher aus der Ahnenreihe vorgegebenen Berufe tatsächlich häufig dadurch, dass man sich ihrer auf eine seltsame Art komplett sicher ist, dass man das Gefühl hat, mit der Suche an einem richtigen Punkt angekommen zu sein und noch dazu endlich auf etwas »Vernünftiges« gestoßen zu sein. Entspricht die Wahl der eigenen Neigung, ist das natürlich perfekt. Wenn aber, wie etwa bei Sven, ein anderer realistischer und guter Beruf die erste Wahl gewesen wäre, kann es sein, dass es irgendeinen Punkt im Leben gibt, an dem man sich plötzlich komplett fremdbestimmt, ferngesteuert und unglücklich fühlt. In Svens Fall käme es dann etwa zu einer Phase der Trauer darüber, kein Architekt geworden zu sein. Da Sven im Moment noch studiert und ihm das Studium viel Spaß macht, scheint er kein Kandidat zu sein, der aufgrund des unbewussten Drucks aus der eigenen Sippe eine falsche Entscheidung getroffen hat. Das Beispiel zeigt dennoch deutlich, wie stark die unbewussten Kräfte sind, die bei der Berufswahl wirken. Denn wenn jemand Sven fragt: »Na, trittst du in die Fußstapfen deiner Großväter?«, sagt Sven immer. »Nein, das hab ich selbst so entschieden. Mit meinen Opas hat das nichts zu tun.« Genau diese Ahnungslosigkeit zu durchbrechen und unsere Berufswege und Entscheidungen auch aus der Genogrammperspektive zu betrachten, kann uns helfen, zu freieren und selbstbestimmteren Entscheidungen zu kommen.

Ein Beispiel für einen eher unglücklich gelagerten Fall stammt aus der Praxis einer Kollegin, die Heilpraktikerin ist und ebenfalls gelegentlich mit der von mir entwickelten Genogrammmethode arbeitet. Zu ihr kam über Jahre immer mal wieder Christine, eine 35-jährige Fotografin, mit Rückenschmerzen. Diese Schmerzen konnte meine Kollegin gut behandeln. In dem Zusammenhang sprachen die beiden aber auch über den Berufsweg und meine Kollegin erinnert folgende Geschichte: Christine ist als Fotografin sehr erfolgreich, ursprünglich stammt sie aus einer Lehrerfamilie. Ihr Vater war Schulleiter, der Onkel Fachlehrer an einem Gymnasium und schon die Großmutter war Volksschullehrerin gewesen. Christine studierte Fotografie an einer renommierten Kunsthochschule und macht sich nach dem Studium schnell einen Namen. Innerhalb von zehn Jahren macht sie eine beachtliche Karriere. In einer Branche, die für viele ihrer Kollegen immer schwieriger wird, ist sie eine der ganz gefragten Profis, gewinnt Fotopreise, bekommt Ausstellungen, findet immer mehr ihre eigene Bildsprache und bekommt genau deshalb auch Aufträge. Anfangs hat Christine das alles wahnsinnig viel Spaß gemacht – doch je erfolgreicher sie wird, je leichter es ihr fällt, als freie Fotografin zu arbeiten, desto unsicherer wird sie. Immer wieder spricht sie darüber, dass ihre Rückenschmerzen vielleicht doch mit dem ständigen Schleppen des Equipments zu tun haben könnten, dass sie sich nicht vorstellen könne, mit dem Beruf alt zu werden, und dass sie vielleicht doch noch einmal Lehramt studieren wolle. Als sie das mal in ähnlicher Weise meiner Kollegin erzählte, wurde diese hellhörig und schlug eine Genogrammarbeit vor, auf die sich Christine jedoch nur halbherzig einließ und die ihr nach eigenen Angaben »nichts brachte«. Tatsächlich lässt Christine einige Jahre später ihre glänzende Fotografenkarriere hinter sich und schreibt sich an der Universität ein, um dort noch mal, mit Ende dreißig, Lehramt zu studieren. Wenn meine Kollegin, zu der sie bei gesundheitlichen Problemen mit dem Rücken immer noch geht, sie heute fragt, warum sie den Switch hin zum Lehrerinnenberuf tatsächlich gemacht hat, sagt sie: »Ich dachte, ich muss noch mal was Vernünftiges und Sinnvolles machen.« Sie hat also tatsächlich noch mal vier Jahre studiert und ist heute Gymnasiallehrerin für Mathe und Kunst an einer Schule in München. Sie ist sicher keine unglückliche Frau – aber sie hat eine eigenständige und eigenwillige Karriere aufgegeben, um in einen sicheren und eher »normalen« Beruf zu gehen. Einen Zusammenhang zu ihrer eigenen Familie sieht Christine nicht.

Faustregeln

- Unsere Berufswahl ist nie ganz frei – es ist immer ein Kompromiss aus dem, was man selbst gern machen würde, und den unbewussten Vorgaben, die aus der eigenen Sippe kommen.

- Die Berufe in der Familie prägen uns mehr, als wir denken. Besonders, wenn ein Beruf gehäuft auftritt, sollte man sich mit diesem kritisch und bewusst auseinandersetzen, sich also fragen, ob man ihn aus Solidarität zur Sippe wählt oder aus freien Stücken.
- Berufe, die sich in Sippen oft wiederholen sind Handwerksberufe, Arzt, Jurist, Landwirt, Gastronom, Lehrer sowie Finanzberufe und soziale Berufe.

ÜBUNG
Die Berufe in unserer Familie

Um ein Gefühl dafür zu bekommen, wie stark Familienberufe wirken – und wie einengend sie sein können, überlegen Sie sich in einer ruhigen Minute noch mal genau, welche Familienberufe in Ihrer Sippe auftauchen und, falls es keinen einzelnen Beruf gibt, schauen Sie, welche Sparte von Berufen in der Familie auftaucht: eher lehrend, eher sozial, im Handel, im Handwerk, in der Kunst und Kultur. Schreiben Sie ein paar Sätze dazu auf, wie Sie selbst über diesen Beruf denken.
In einem nächsten Schritt würde ich Sie gern einladen, die Familienprägung für sich positiv zu nutzen: Überlegen Sie, was der Sippenberuf und die damit verbundenen Fähigkeiten im eigenen Job bringen. Wer aus einer Handwerkerfamilie kommt, kann beispielsweise versuchen, auch im eigenen Beruf genau, zuverlässig und bodenständig zu sein. Wer aus einer Familie kommt, in der die sozialen Berufe dominieren, kann auch als Banker oder Versicherungsmakler seinen guten und ehrlichen Draht zu Menschen nutzen. Und wer aus einer Arbeiterfamilie kommt, kann den Ethos des ehrlichen Malochers überall einbringen – sogar in der Chefetage. Na, fällt Ihnen was ein, wie Sie die Berufstradition Ihrer Familie nutzen können? Dann schreiben Sie es auf.
Viele Klienten schildern, dass dieses Mitnehmen von Fähigkeiten und Berufsethik aus der eigenen Sippe in einen komplett anderen Beruf ihnen letztlich viel Freude macht – und ihnen auch ein Stück Sicherheit bei der alltäglichen Arbeit gibt.

3. Kapitel: Liebe und Beziehungen oder warum unsere Ahnen bisweilen mit im Ehebett liegen

Wenn wir uns über das Thema Partnerwahl und Partnerschaften, Ehe und Familiengründung unterhalten, denken wir natürlich sofort auch an Liebe, Romantik und Seelenverwandtschaft. Dieses Ideal von romantischer Liebe wird in unserer Gesellschaft sehr stark überbewertet, sagt die amerikanische Sozialpsychologin Barbara Fredrickson in ihrem neuen Buch »Die Macht der Liebe: Ein neuer Blick auf das größte Gefühl«[26]. Das sei natürlich zum einen berechtigt, weil die romantische Liebe so ein intensives und wichtiges Gefühl sei. Dennoch versucht Fredrickson dem Phänomen Liebe eine ganz neue Definition zu geben. Ihrer neuropsychologischen Forschung zufolge ist Liebe eher eine Art Moment der gemeinsamen guten Chemie, eine kurze Begegnung der Sympathie. Ob zwischen Verheirateten, besten Freunden oder einem Flirtpartner: Liebe ist also immer eine Art echter Moment der positiven Begegnung – die uns erfrischt, uns Mut und ein Gefühl von Gleichklang mit einer anderen Person gibt.

Obwohl sich dieser Ansatz natürlich sehr stark von meiner eigenen Arbeit unterscheidet, erwähne ich diese Definition einer momenthaften Liebe hier unter anderem auch, weil ich der Meinung bin, dass dies eine Art versöhnliche Minimaldefinition von Liebe ist, die sinnvoll ist und so auch stehen bleiben kann. In meiner Arbeit habe ich nämlich immer wieder festgestellt, dass Verbindungen, Lieben und Ehen, die mit dem Gefühl eingegangen werden, man hätte in dem anderen einen Seelenpartner getroffen, immer wieder auch überlagert werden von ganz tiefen und unbewussten Dynamiken aus der eigenen Sippe. Wenn sich eine Frau einen »Mann fürs Leben« aussucht oder umgekehrt, dann spielt Liebe natürlich auch eine Rolle, aber eben nicht nur. Wir suchen uns einen festen Partner immer auch so aus, dass er zur Dynamik der eigenen Sippe passt, also entweder aus einem ähnlichen »Stall« kommt, mit seinem Typ, seinem Beruf, seinen Vermögensverhältnissen eine Wiederholung von Regeln und Erlebtem aus der eigenen Sippe möglich macht. Oder der Partner ist anders, gleicht aber irgendwo ein Versäumnis, eine Schuld, ein Ungleichgewicht aus, das in unserer Sippenkonstellation herrscht. Dann gibt es natürlich noch die Romeo-und-Julia-Variante, also die Art von Liebe, bei der die Familien komplett nicht einverstanden sind, das Paar sich aber trotzdem entscheidet, zusammen zu sein. Wir verklären diese Form der Liebe als besonders rein und hochstehend, zum Teil natürlich zu Recht, weil hier die Motive zur Bindung wirklich nicht abhängig von der Familie sind. Andererseits endet die Geschichte von Julia und Romeo in einer Tragödie. Eine Aussage der Geschichte ist also auch: »Wenn die Familie nicht einverstanden ist, kann die Liebe nicht überleben.« Ich würde das abschwächen und eher sagen: »Wenn die Familie nicht einverstanden ist, hat es die Liebe schwerer.« Mit Einverständnis ist in meiner Arbeit nicht nur gemeint, dass die Familie den Partner mag oder dass der viel zitierte Stallgeruch stimmt, sondern auch, dass sich die Verbindung in die Logik und Dynamik der Sippe passend einfügt.

Wenn man an dieser Stelle weiterdenkt, dann kommt man automatisch zu der Frage, welche Beziehung dann überhaupt gut passt, welche Verbindung im Bezug auf die Familie konfliktfrei ist. Ich bin der Meinung: so gut wie keine. Natürlich auch, weil alles, was wir mit unseren Partnern wünschen und leben, entweder eine unbewusste Wiederholung der Familienprobleme beinhaltet und damit Schwierigkeiten impliziert. Oder es ist wirklich eine freiere Entscheidung, wir suchen nach Passung, Freiheit und Liebe und finden einen Partner aus einer anderen Schicht, einer anderen Kultur, einer Familie mit einer komplett anderen Geschichte. Die Psychoanalytikerin Anne Ancelin Schützenberger sagt dazu: »Wir stammen alle von gemischten Paaren ab.«[27] Wenn Menschen zusammenkommen, dann kommt etwas Fremdes ins eigene Familiensystem und das bringt verschiedene Freuden – und verschiedene Konflikte mit sich. Bei Schützenberger geht es immer wieder darum, dass man sich der Tatsache bewusst sein sollte, dass viele Probleme in Beziehungen unter anderem auch auftauchen, weil die im Hintergrund wirkende Familien- und Sippendynamik Probleme macht. Ich würde mich aus meiner Perspektive und Erfahrung dieser Sicht voll und ganz anschließen. Natürlich sollten wir uns die Liebe deshalb nicht vermiesen lassen. Es ist aber wichtig zu wissen, dass Krisen in der Partnerschaft häufiger, als wir denken, etwas mit Wiederholungen alter Konflikte zu tun haben oder damit, dass der Partner irgendwie nicht in die Familie zu passen scheint und die Regeln und Prinzipien der Familie eben nicht wiederholt.

An dieser Stelle möchte ich mich nicht falsch verstanden wissen: Ich bin der Meinung, dass man sich seine Beziehungspartner möglichst frei, nach Liebe, Passung, Anziehung und sexuellen Interessen aussuchen sollte. Es ist bloß sehr häufig so, dass die Sippenfaktoren die hier einwirken, wirklich massiv sind. Wenn wir uns dessen bewusst werden, können wir lernen, dass hinter dem berühmten »Streit um die offene Zahnpastatube« oft Dynamiken stecken, die mit Sippenverstrickungen zu tun haben.

FALL I: Beziehungsfaktor Stallgeruch oder »Ich liebe dich – aber du gehörst nicht zu uns«

Wenn wir uns heftig und halbwegs glücklich verlieben, dann denken wir anfangs oft gar nicht an unsere Familien im Hintergrund. Sie scheinen nebensächlich, die neue Bindung ist dafür einfach zu stark. Erst nach und nach kommen Prägungen und Programme aus der Sippe, die Ethik und die Haltung der eigenen Familie mit in die Beziehung und führen dort bisweilen zu Konflikten. Mir fällt an dieser Stelle das Beispiel von Annette ein.

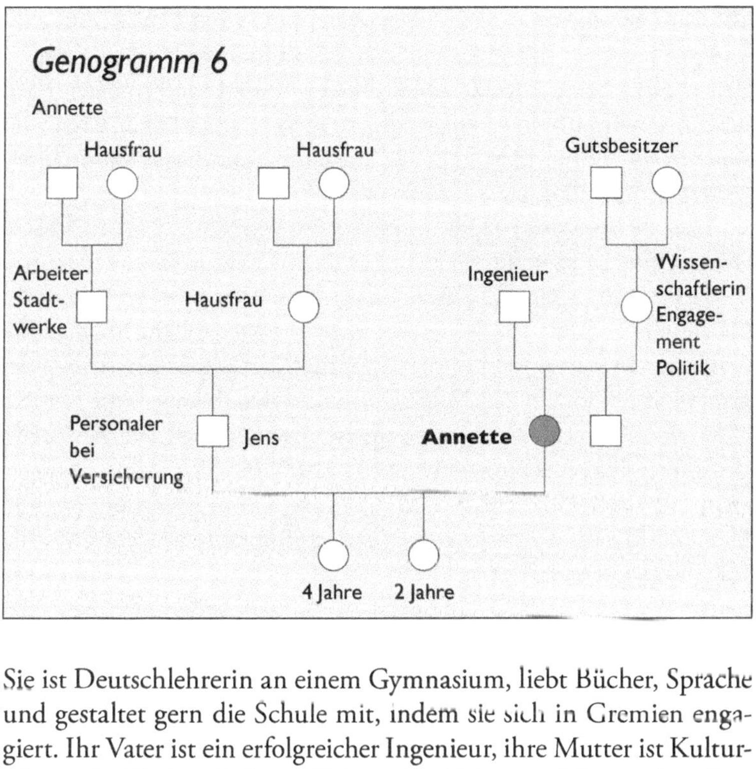

Sie ist Deutschlehrerin an einem Gymnasium, liebt Bücher, Sprache und gestaltet gern die Schule mit, indem sie sich in Gremien engagiert. Ihr Vater ist ein erfolgreicher Ingenieur, ihre Mutter ist Kulturwissenschaftlerin, die lange Zeit an der Uni unterrichtete, dazu ihre drei Kinder großgezogen hat – und sich in der Politik einer niedersächsischen Kleinstadt in der Nähe von Hannover starkgemacht hat. In der Familiengeschichte gab es in den Kriegsjahren viel Flucht und viele Verluste, die Großeltern ihrer Mutter sind aus dem besetzten Königsberg übers Eis geflohen, sie haben dort einen Gutshof verloren. Annette ist mittlerweile selber 40 Jahre alt. Sie hat zwei Töchter im Alter von 4 und 2 Jahren und lebt mit ihrem Mann Jens auf dem Land in der Nähe von Münster in einem Reihenhaus. Jens kommt aus Dortmund, ist in einer Bergarbeitersiedlung aufgewachsen. Sein Vater hat bei den Stadtwerken gearbeitet, seine Mutter als Verkäuferin in einem Drogeriemarkt, als Jens und seine Schwester geboren wurden, wechselte sie ins Hausfrauendasein. Jens hat Wirtschaft studiert und arbeitet als Personaler bei einer Versicherung, das heißt, er stellt ein, entlässt, hält Trainings für Mitarbeiter ab und ist ein erfolgreicher und korrekter Typ. Als sich das Paar während des Studiums in der Universitätsstadt Münster auf einer Party kennenlernt, sind sie gleich total verliebt – beide interessieren sich zu dieser Zeit sehr für Musik, beide lieben Bands wie Nirvana, Pearl Jam und Co. Man geht gemeinsam auf Konzerte, Jens spielt Schlagzeug und Annette kann ein bisschen Gitarre, manchmal machen sie zusammen Musik. Dazu kommt noch, dass beide Partner ansonsten eher ruhige, gewissenhafte Typen sind und sich zu Studienzeiten ein bisschen von ihren zum Teil sehr ausschweifend und chaotisch lebenden Kommilitonen unterscheiden. Beide sind unter der korrekten Fassade aber auch recht auffällig. Annette hat einen trockenen Humor und ist sehr intelligent, Jens ist ein gut aussehender Hüne, charmant und beliebt. Die Beziehung trägt, man heiratet, bekommt zusammen Kinder. Doch seit die Kinder da sind, gibt es massive Probleme. Das Paar streitet sich eigentlich nur noch. Jens will, dass Annette ihren Job an den Nagel hängt und sich mehr um die Kinder kümmert. Annette, die sehr erfolgreich ist und sich viel Anerkennung über ihre Beliebtheit in der Schule holt, bekommt dagegen sogar noch eine Co-Rektor-Position angeboten, mit Option, irgendwann Schulleiterin zu werden. Annette will diese Chance sofort und unbedingt nutzen. Aber Jens versteht nicht, warum seine Frau jetzt in ihre Karriere investiert, da sie doch Kinder bekommen hat. Annette will aber unabhängig sein, will Kinder und Job vereinen und wünscht sich, dass man das »Kind halt zusammen schaukelt«. Die beiden Positionen verhärten sich, die Partner sehen immer mehr unüberwindbare Unterschiede zwischen sich stehen. Annette findet Jens kleinlich und eng, einen verspannten Karrieristen. Sie versteht auch nicht, warum er mit Geld so ängstlich ist und so gut wie nie in den Urlaub fahren will. Dass er sich nicht für Kultur und Bücher interessiert, geht ihr auch zunehmend auf den Geist. Jens dagegen findet Annette absolut kaltherzig den Kindern gegenüber, verstiegen in ihren Literatur- und Schulkram – und dass sie sich jetzt auch noch in der Lehrergewerkschaft engagieren will, ist ihm komplett ein Dorn im Auge.

Als Annette zu mir kommt, denkt sie über Trennung nach und fasst zusammen: »Jens passt nicht zu mir und meinen Werten.«

Auf der Ebene der Logik ihrer Sippe hat Annette damit sogar recht. Jens kommt aus einer vergleichsweise kleinbürgerlichen Bergarbeiterfamilie, in der viel gearbeitet wurde und viel gespart wurde. Und die Mutter blieb mit Jens und einer Schwester zu Hause, gab jede Ambitionen auf einen Beruf auf, als sie erst mal Mutter war. Für Jens ist damit unterbewusst richtig und klar: »Eine Frau bleibt bei den Kindern zu Hause.« Er selbst ist ein Emporkömmling, und er ist zu Recht stolz darauf. Er will, wie sein Vater, für die Familie arbeiten, nur mehr Geld verdienen als dieser. Annettes Familie ist dagegen eher bildungsbürgerlich. Ihre Eltern sind Akademiker, ihre Mutter ist eine emanzipierte Frau, die sich auch politisch einmischt – und die Jens als Schwiegersohn übrigens nie ganz akzeptiert hat. Man kann sagen, dass es zwischen Annette und Jens, ohne dass die beiden es ahnten, im Grunde schon immer das Problem gegeben hat, dass beide aus unterschiedlichen Schichten kommen, aus unterschiedlichen »Ställen«. Ein Paar, das sich zusammentut und aus verschiedenen Bildungsniveaus, Kulturkreisen kommt, hat oft ein erhöhtes Konfliktpotenzial, das so gut wie immer auch auf unbewusste Familienprogrammierungen zurückgeht. Als Annette und Jens noch keine gemeinsamen Kinder hatten, traten die Unterschiede und das unbewusste Gefühl, die eigene Sippe und ihre Prinzipien zu verraten, noch nicht offen zu Tage. Die Kinder haben diese Dynamik aber in einer extremen Weise verschärft. Weil die Werte bezüglich Familie und Kindern bei den Partnern so unterschiedlich sind, gibt es stetigen und dicken Krach. Jeder der Partner sitzt – auch wenn das Annette und Jens nicht bewusst ist – in einer Ecke des Rings und erklärt den anderen zum Feind, der das Familienprinzip der eigenen Sippe verrät.

Man könnte bei Annettes Geschichte vermuten, dass eine intelligente, wendige Frau, die ihren Mann liebt, und ein starker, vernunftgesteuerter Mann hier durch nur wenige Gespräche eine Lösung würden finden können, wie sie ihre unterschiedlichen

Meinungen zum Thema Kinder, Familie und Karriere unter einen Hut bekommen beziehungsweise gute Kompromisse schließen. Doch so einfach ist das eben nicht. Hinter den Haltungen beider steht nicht einfach nur ein wenig Unverständnis und Bockigkeit. Jeder der Partner hat eine tiefsitzende Angst, die Werte, Gepflogenheiten und Muster der eigenen Familie zu verraten, wenn er auch nur einen Zentimeter nachgibt. Es gibt also nun bei beiden nicht nur das leichte Gefühl, dass man »sich nicht versteht und nicht zusammenpasst«, es gibt mittlerweile eine Art Krieg der Sippen, der sich zwischen den Partnern abspielt. Es klingt krass, aber ich habe in meiner Arbeit mit Klienten häufiger erlebt, dass ein solches Programm darauf hinauslaufen kann, dass ein Paar, das letztlich gut zusammenpasst und sich wirklich mag, sich schließlich trennt und scheiden lässt.

Bereits in der ersten Sitzung wurde Annette bewusst, wie stark die unbewussten Mechanismen aus der Sippe auf sie und ihre Ehe wirken. Wir arbeiten mit dem Genogramm und ich erkläre ihr, dass sie sich mit ihrer Familie mittlerweile auf eine derart radikale Weise solidarisiert, dass sie Jens dafür »über Bord werfen« würde. Annette bejaht meine Einschätzung sofort. Wir arbeiten dann ein paar Stunden daran, die energetischen Blockaden aus der Familie zu reduzieren oder auszuräumen. Zwei Erkenntnissätze, die sie aus der Arbeit mitnimmt, sind:

» **Ich darf Mitglied meiner eigenen Familie sein und trotzdem mit Jens Kinder haben.**

Ich gehöre zu meiner Familie, auch wenn ich zwischendurch mal weniger arbeite und mich mehr um meine Kinder kümmere. «

Bei so verhärteten Paarproblemen wie dem von Annette und Jens reichen oft nicht nur ein oder zwei Sitzungen. Annette brachte Jens auch zweimal zu einer Sitzung mit und wir arbeiteten gemeinsam an den Familiensystemen der beiden – und der Auflösung des Kriegszustands.

Bei den beiden, die ich im Laufe der Zeit immer mal wieder spreche und in anderen Fragen berate, ist es mittlerweile so, dass sie sich zwar immer noch häufiger streiten als einige der »Vorzeige-Ehepaare« in ihrem Bekanntenkreis, bezüglich der wunden Punkte, etwa der Frage »Wer geht arbeiten, wer passt auf die Kinder auf…« gibt es ebenfalls immer mal wieder Streit. Nur sind diese Differenzen nicht mehr so unüberbrückbar: Beide Partner sind quasi ein Stück freier geworden und können heute eher einlenken. Praktisch äußert sich das so, dass Jens auf eine Beförderung, die ihm vor Kurzem angeboten wurde, erst einmal verzichtet hat, so dass er seine volle Stelle zumindest ohne viele Überstunden ausfüllen kann – und die Kinder morgens in den Kindergarten bringen kann. Und Annette hat ebenfalls darauf verzichtet, jetzt Co-Rektorin zu werden. Das Paar hat aber ausgemacht, dass diese Karrierepläne beider nicht aufgehoben sind, sondern nur um ein paar Jahre aufgeschoben, bis die Kinder in der Schule sind und sich andere Freiräume ergeben als mit Kindern im Kleinkindalter.

Von Trennung ist jedenfalls keine Rede mehr, so dass man sieht, dass es zwar Differenzen zwischen den Partnern gibt und geben kann – der Krieg aber beigelegt ist. Die beiden haben auch ihr gemeinsames Hobby, die Musik, wieder aufleben lassen. Jens hat sein Schlagzeug im Keller aufgebaut und Annette spielt die Gitarre dazu. Es klingt scheußlich, sagt Annette, aber den beiden macht das Spaß.

An dem Beispiel von Annette und Jens sieht man sehr gut, wie sehr die Sippenregeln und Dynamiken selbst in stabile Beziehungen mit halbwegs gesunden, selbstbewussten Menschen hereinbrechen und Chaos, Streit und Feindschaft ausbrechen kann, die nichts damit zu tun hat, wie die Beziehung »in Wirklichkeit« funktioniert, wie gern sich die Partner haben und wie viele spontane und schöne »Liebesmomente« sie zusammen erleben können.

Faustregel

- Kriegsschauplätze in Beziehungen haben oft nichts damit zu tun, wie sich die Partner verstehen, sondern damit, dass die Sippenregeln in Sachen Familie, Lebensstil oder Werten nicht zusammenpassen.
- Wenn Schwiegermütter oder Schwiegerväter große Ressentiments gegen eine Verbindung haben, kann man davon ausgehen, dass diese Sichtweise und dieses Empfinden der Elterngeneration die Beziehung unbewusst belastet.

ÜBUNG

Meine Beziehungen

Gehen Sie in Gedanken zu Ihren Exfreundinnen beziehungsweise Exfreunden. Schreiben Sie etwa drei wichtige Namen auf ein Blatt Papier. Dann schauen Sie sich an, wie gut diese jeweiligen Beziehungspartner zu den Normen Ihrer Sippe und Ihrer Kernfamilie gepasst haben. Manchmal entdeckt man beispielsweise Partner, die man zwar im Nachhinein gar nicht besonders toll fand, die aber perfekt »in den Stall« gepasst hätten. Das sind oftmals diejenigen Männer oder Frauen, von denen unsere Eltern oder Geschwister heute noch mit Seufzen sprechen – von denen man selbst aber sehr gut weiß, warum man sich von ihnen getrennt hat. Oder man entdeckt Partner, die man sehr geliebt hat, die sich aber in Herkunft, Prägung, Kultur so sehr von der eigenen familiären Programmierung unterschieden haben, dass es bedauerlicherweise »geknallt« hat und man heute nicht einmal mehr Kontakt hat.

Versuchen Sie durch diese kleine Übung ein Gefühl dafür zu bekommen, wie sehr die Familie und die eigene Herkunft die Entscheidungen für einen Partner mit prägen oder in der Vergangenheit mitgeprägt haben.

Wenn Sie gerade in einer festen Partnerschaft leben, können Sie auch noch einen Schritt weitergehen und sich überlegen, an welchen Punkten Ihr gegenwärtiger Partner in die Normen der eigenen Sippe passt und an welchen Stellen Sie nicht gut zusammenpassen. Notieren Sie sich drei Gemeinsamkeiten und drei Unterschiede. Hinweis: Keine Panik, wenn es nur wenige Gemeinsamkeiten mit der Sippe gibt. Versuchen Sie einfach, in den Bereichen, in denen es aufgrund der unterschiedlichen Herkunft knirschen könnte, besonders wachsam – und auch besonders tolerant – zu sein.

EXKURS: Der berühmte Streit um die Zahnpastatube

Das gerade geschilderte Beispiel von Annette und Jens ist relativ speziell, da der große Krach zwischen den Partnern erst begann, als das Paar Kinder bekam.

Es sei hier aber auch auf das allgemeine Phänomen hingewiesen, dass hierzulande sehr viele Paare laut Studien das Gefühl haben, dass die Beziehung schlechter wird, wenn die Kinder geboren werden. Dass dies der Fall ist, wird mittlerweile darauf zurückgeführt, dass es mit der Geburt der Kinder in Beziehungen eine Art »Traditionalisierungsruck« gibt. Die Männer gehen mehr arbeiten, die Frauen arbeiten weniger und kümmern sich mehr um die Kinder. Eindrucksvolle Zahlen stammen aus einer lang angelegten Studie des Pädagogikprofessors Wassilios Fthenakis. In seinen Befragungen hat er ganz konkret festgestellt, dass Partner vor der Geburt des ersten Kindes beide etwa 30 Stunden pro Woche arbeiten. Nach der Geburt arbeiten Väter oft 40 Stunden und mehr, die Mütter nur noch um die 10 Stunden. Diese Tendenz bleibt über die Kleinkindjahre erhalten. Sie ist heute zwar nicht mehr so stark wie vor zehn Jahren, als die Studie durchgeführt wurde, aber immer noch vorhanden.[28] In diesen plötzlich eher traditionell organisierten Familienstrukturen fühlen sich beide Partner auf einmal nicht mehr so, als würden sie an einem Strang ziehen. Sie fühlen sich voneinander entfremdet, zum Teil sogar betrogen. Ohne das jetzt genau beweisen zu können, habe ich beim Lesen solcher Studien und Statistiken häufig den Eindruck, dass sich mit der Familiengründung – noch mal anders als nur durch eine Heirat – die Prinzipien aus der eigenen Sippe stärker in den Vordergrund drängen und durchsetzen wollen. Wenn wir in die Generationen unserer Mütter und Großmütter schauen, so sind diese häufig noch in der Position der Hausfrau oder der Halbtags-Berufstätigen gewesen. Wenn Frauen unserer Generation oder der gerade erwachsen werdenden Generationen dieses Verhalten wiederholen und ebenfalls mit Kindern zu Hause bleiben, argumentieren Politiker und Soziologen oft mit mangelnden Rollenvorbildern, die uns dazu bringen. Ich bin der Meinung, dass es hier auch um tiefer gehende, unbewusste Verstrickungen mit den Frauen der eigenen Sippe geht, mit denen sich Frauen der jüngeren Generation solidarisch zeigen – ob sie sich dessen nun bewusst sind oder eher nicht.

Ein weiterer Aspekt: Sehr viele Paare, auch wenn sie keine Kinder haben, beschreiben die Dynamik, dass man sich zu Beginn einer Beziehung wirklich geliebt habe, auch und vor allem die Unterschiede aneinander geschätzt habe. Je enger und länger die Beziehung aber währt, desto mehr nerven beide Partner die kleinen, feinen Unterschiede. Dann gibt es oft schon Streit um Ordnung oder Unordnung in der Wohnung, darum, welches Auto man kaufen will und warum der andere um Himmels willen die Zahnpastatube nicht zuschrauben kann. Ich erkläre mir das so: Je länger wir mit einem Partner zusammen sind, desto ernsthafter wird die Bindung – und mit diesem Bund wird auch die Dynamik der eigenen Sippe und deren Wirkung auf die Beziehung immer stärker.

Manche Klienten schildern sogar ganz konkret, dass sie sich nach einigen Jahren friedlicher oder leidenschaftlicher Beziehung plötzlich doch »wie ihre eigene Mutter« fühlen, wenn sie den Partner rügen, dass er zu unordentlich sei oder ständig zu spät komme. Oder sie verstehen plötzlich ihren eigenen Vater, der immer gesagt hat: »Korrektheit und ein fester Job sind wichtiger als Freiheit.«

Wer seine eigenen Liebesbeziehungen genau beobachtet, kann jedenfalls beobachten, dass der Streit auf der Zahnpastatuben-Ebene oft vor allem einen Hintergrund hat: Man will dem anderen sagen, dass man sein Verhalten nicht versteht, eine andere Meinung hat, aus einer anderen Sippe mit anderen Prinzipien kommt. Wenn wir uns das klarmachen, können wir in Zukunft vielleicht einige kleinliche Streitereien ganz sein lassen. Denn häufig hat es keinen Wert, dem anderen das immer wieder zu sagen und vorzuhalten. Dass man aus verschiedenen Familien mit verschiedenen Prinzipien und verschiedenen Werten kommt, lässt sich sowieso nicht ändern. Oft ist diese Einsicht ein Anfang, die eigene Haltung zu ändern, eher sagen zu können, dass man zwar manchmal genervt ist von der Andersartigkeit des Partners, dass man ihn aber trotzdem liebt und gern mit ihm zusammen ist. Und es auch bleiben will.

FALL II: Alleinerziehende Mütter: Keiner mehr da

Im letzten Beispiel habe ich schon angedeutet, dass es immer wieder Partnerschaften und Familienbeziehungen gibt, in denen die Konflikte um scheinbare Lappalien so groß und übermächtig werden, dass ein unüberbrückbares Zerwürfnis, dass Trennung und Scheidung die Folge sind. Manchmal passen Partner natürlich auch einfach nicht gut zusammen. Sehr oft habe ich aber in meiner Praxis festgestellt, dass auch Trennungen und Brüche zumindest teilweise mit Dynamiken aus der Sippe erklärbar sind.

Ich habe etwa häufiger mit Frauen gearbeitet, die sich mit den Vätern ihrer Kinder derart fundamental zerstritten haben, dass diese komplett von der Bildfläche verschwunden sind – und die Frauen die Kinder alleine erziehen. Manche dieser Frauen haben das Zerwürfnis sogar mit mehreren Männern erlebt, haben also Kinder aus verschiedenen Beziehungen und in jeder dieser Beziehung sind die Partner schließlich abgehauen ober haben sich zum Teil von Anfang an nicht für die Kinder interessiert.

Fragt man diese Frauen, was passiert ist, schildern sehr viele, dass der Mann entweder von Anfang an »kein Mann zum Familiengründen war«, oder sie erzählen, dass der Partner eigentlich passend war, dass die Auseinandersetzungen nach der Geburt der Kinder aber plötzlich sehr vehement geworden sind. Im Rückblick haben einige der Frauen zumindest zum Teil das Gefühl, dass beide Partner aktiv daran mitgewirkt haben, die Beziehung zu zerstören.

Immer, wenn Frauen zu mir kommen, in deren Leben bereits zwei oder noch mehr Beziehungen mit Kindern auseinandergegangen sind, werde ich sehr hellhörig. Ich habe die Erfahrung gemacht, dass es sich lohnt, sich bei solchen Lebens- und Familienwegen genauer mit der Genogrammebene auseinanderzusetzen, denn gerade wiederkehrende Trennungsdynamiken haben sehr oft etwas mit Familiengeschichte und Sippenkonstellation zu tun.

Wie es zu solchen wiederholten und kompletten Abbrüchen von Beziehungen – aus denen Kinder hervorgegangen sind – kommen kann, werde ich versuchen am Beispiel von Elisabeth zu erklären. Die zum Zeitpunkt der Beratung 33-Jährige hat zwei Kinder von zwei Männern, die Kinder sind sechs und ein Jahr alt. Die Beziehung zum Vater des Kleinkindes, der kleinen Stella, ist gerade auseinandergegangen, der Vater ist quasi abgetaucht, er bezahlt keinen Unterhalt, interessierte sich zum Zeitpunkt der ersten Beratung auch nicht für seine Tochter. Elisabeth, eine Naturwissenschaftlerin, die an der Uni arbeitet, harte Nerven hat und sehr gut organisiert ist, versorgt die Kinder sozial und finanziell allein und kommt damit auch von außen betrachtet gut zurecht. Auf einer tiefen, persönlichen Ebene fragt sie sich allerdings schon, warum ausgerechnet ihre Beziehungen immer wieder auseinanderbrechen. Mit dieser Frage hat sie zunächst eine Psychotherapie angefangen, kam damit ganz konkret aber auch noch mal für zwei Sitzungen zu mir, wie es oft passiert auf das Anraten einer Freundin.

Das Genogramm von Elisabeth gab zu dem Thema Trennung und »fehlende Väter« an zwei sehr unterschiedlichen Stellen Auskunft. Zunächst fiel auf, dass bereits Elisabeths Mutter über weite Strecken von Elisabeths Kindheit eine Alleinerziehende gewesen ist. Sie hat 1989 nach dem Mauerfall ihren Mann verlassen und war mit ihrer kleinen Tochter nach Köln gegangen. Der Vater, ein Arzt und Sozialist, wollte im Osten bleiben. Damals war Elisabeth vier Jahre alt. Die Mutter hat sich seither alleine durchgeschlagen. Ihren Vater sieht Elisabeth heute gelegentlich, er lebt in Dresden, ist mittlerweile im Ruhestand. Elisabeth hat diesen Kontakt allerdings auch erst wieder aufgebaut, als sie selbst Mitte zwanzig war und versuchte, Kontakte selbstbestimmter zu gestalten. Der Vater hilft ihr heute

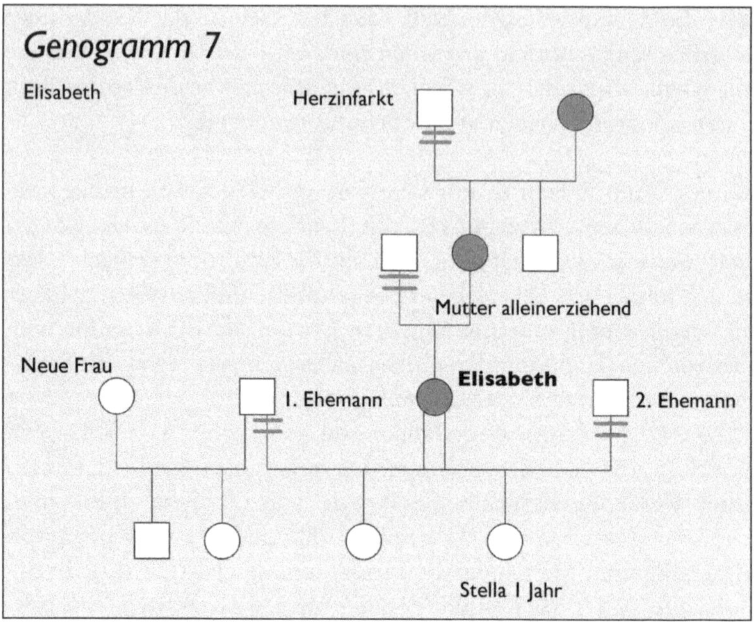

auch gelegentlich finanziell – doch während ihrer Kindheit war er über ein Jahrzehnt komplett von der Bildfläche verschwunden und quasi wie tot für Mutter und Tochter. Hintergrund für die totale Funkstille in dem Fall war, dass der Vater der Mutter nicht verzeihen konnte, dass sie mit ihrem Kind nach Westdeutschland gezogen war. Gleichzeitig gab es in der Ehe auch schon vorher Schwierigkeiten.

Dass die Tochter einer alleinerziehenden Mutter ebenfalls eine Alleinerziehende wird, überrascht nicht unbedingt. Nach der unbewussten Dynamik, die sich in manchen Sippen entfaltet, darf die Tochter einer Mutter, die ohne Vater aufgewachsen ist, ihren Vater auch nicht kennen. Das bedeutet, dass sich das Prinzip »Einelternfamilie« sehr leicht auch auf die nachfolgende Generation überträgt. Dahinter steckt die unbewusste Solidarisierung der Töchter. Sie fühlen, dass sie sozusagen »bessere Töchter« sind, wenn sie wie die Mutter die Kinder alleine erziehen. So paradox das klingt, diese Muster sind sehr stark und wirkungsvoll – und in der Familie von Elisabeth waren sie mit sehr hoher Wahrscheinlichkeit am Werk.

Dazu kam im Fall von Elisabeth aber noch etwas: Elisabeths Opa, der Vater ihrer Mutter, war sehr früh an einem Herzinfarkt gestorben. Als er starb, war Elisabeths Mutter vier Jahre alt. Bereits die Mutter ist also als vaterlose Tochter aufgewachsen. Und die Großmutter musste ohne einen Mann die Tochter aufziehen. Das

Muster des Alleinerziehens und des Alleine-mit-den-Kindern-Lebens ist in der Familie unter den Frauen also bereits in der dritten Generation »vererbt«. Es besteht also für Elisabeth ein doppelt belastendes Programm, dass es »irgendwie richtig sein könnte«, ein Leben ohne Mann zu leben und die Kinder ohne einen Vater aufzuziehen.

An dieser Stelle ist mir noch wichtig, über den Faktor Geld und Unterhalt zu sprechen. Sehr häufig kommt es nach Trennungen ja vor, dass Väter weiterhin als Väter präsent sind, und falls das nicht passiert, dass sie zumindest Unterhalt oder Alimente für die Kinder zahlen oder sie auf andere Weise finanziell unterstützen. In Familien, in denen schon Großväter oder Väter im Krieg gefallen oder früh gestorben sind, habe ich allerdings immer wieder beobachtet, dass die Töchter und Enkelinnen von sehr rigorosen Trennungen betroffen sind: Die Exmänner, die ja trotzdem Väter der Kinder sind, kümmern sich nicht um den eigenen Nachwuchs, lassen den Kontakt ganz abreißen und zahlen auch überhaupt keinen Unterhalt, selbst wenn sie es können. In solchen Fällen liegt die Vermutung nah, dass das Programm aus der Großmutter- und Mütterreihe auf radikale Weise übernommen wird. Die Töchter und Enkelinnen wiederholen diesen Aspekt des »Alleinversorgens«. Die ehemaligen Partner, Väter ihrer Kinder sind dann nicht nur von ihnen getrennt – sie sind »wie tot« und komplett aus der Realität der Familie gelöscht.

Bei Elisabeth war es tatsächlich auffallend, dass die Trennung von den Partnern beide Male so rigoros war. Und dieses Muster schwang übrigens auch bereits in der Fragestellung mit, die sie im Gepäck hatte, als sie mich aufsuchte: Sie wollte nicht nur verstehen, warum sie sich immer wieder trennte. Sie wollte auch verstehen, warum sie sich so rigoros und radikal trennte, dass die Exmänner vollständig von der Bildfläche verschwanden und keinen Unterhalt zahlten.

Als Elisabeth den Zusammenhang zur eigenen Sippe verstanden hatte und ihr bewusst wurde, wie stark die Muster aus früheren Generationen wirkten, war sie zunächst vollkommen geschockt. Dazu kommt auch noch, dass die Trennungen von den Männern auch zeitlich ziemlich gut zu den in der Vergangenheit liegenden Trennungen von ihrem Vater passen: Die Trennung von ihrem ersten Mann nach dem vierten Lebensjahr des Kindes passt jedenfalls genau zu dem Zeitpunkt, als sie selbst von ihrem Vater verlassen wurde. Bei ihrer kleinen Tochter Stella war die Trennung erfolgt, als Stella noch jünger war.

Elisabeth berichtet in dieser ersten und sehr emotionalen Sitzung dann noch mal von sich aus, dass Sie sich keine komplett unfähigen oder unpassenden Partner gesucht hatte, um mit ihnen Kinder zu bekommen. Besonders ihr erster Mann habe heute mit einer anderen Frau eine Familie und zeigt sich dort als sehr liebevoll und zuverlässig. Elisabeth schildert daraufhin, dass es irgendeinen Punkt in beiden Beziehungen gab, an dem Elisabeth durch ihr eigenes Verhalten mit auf das Zerwürfnis mit dem Partner zugesteuert hat. Der Partner ihrer jüngeren Tochter, ein Scheidungskind, das seinen Vater ebenfalls kaum kennt, hat in der Rückschau betrachtet ebenfalls an der Trennung mitgewirkt, indem er sich immer abweisender und gereizter zeigte.

Dass diese Geschichte von Elisabeth zum Teil ein bisschen seltsam klingt, ist mir bewusst. Elisabeth hätte, wenn ich sie früher dazu gefragt hätte, genau wie viele andere Frauen, die keinen Partner haben, mit dem Brustton der Überzeugung gesagt, dass sie sich nichts sehnlicher wünschen würde als eine feste und liebevolle Beziehung. Dennoch steuern viele Frauen – und auch Männer –, die von der Familie her auf Verlust des Partners sozusagen programmiert sind, immer wieder in Trennungen und letztlich in eine Lebenssituation, in der sie alles alleine wuppen müssen. Ich erlebe außerdem immer wieder, dass es für Frauen, die weite Strecken ihrer Kindheit ohne Vater aufgewachsen sind, ungleich schwerer ist, eine feste Beziehung mit einem Mann, in der dieser wirklich »da ist«, auch tatsächlich auszuhalten und aufrechtzuerhalten. Wenn der Partner zugewandt ist, sich die Beziehung vertieft, man eine Fernbeziehung so umgestaltet, dass beide Partner plötzlich in einer Stadt leben können, fangen oft massive Streite oder schier unlösbare unterschwellige Probleme an. Dabei ist es wie schon angedeutet nebensächlich, ob der Vater der Personen selber eher weggegangen ist und daher abwesend war oder er nicht da war, weil er extrem viel gearbeitet hat, früh gestorben ist oder ob die Eltern sich getrennt haben und der Vater deshalb nur am Wochenende oder noch seltener präsent war. Die Information »Papa ist nicht da« und »Einen Partner an der Seite meiner Mutter gibt es nicht« wird von der Tochter unbewusst so verarbeitet, dass sie sich selbst dauerhaft keinen Partner an ihrer Seite vorstellen kann. So solidarisiert sie sich mit der Mutter und in Elisabeths Fall auch noch mit dem Schicksal der Großmutter und reduziert dadurch den inneren Stress im Familiensystem und in sich selbst.

Während meiner Genogrammarbeit und der energetischen Arbeit mit Elisabeth ging es mehrere Sitzungen lang genau um diesen Punkt. Folgende Erkenntnissätze hat sie für sich mitgenommen:

Ich darf einen Partner an meiner Seite haben und gehöre trotzdem zu meiner Sippe.

Meine Kinder dürfen einen Vater haben und gehören trotzdem zu ihrer Sippe.

Die Beziehung hat die Beratungsarbeit natürlich nicht wieder kitten können. Die Beschäftigung mit dem Thema und die energetischen Arbeiten führten aber letztlich dazu, dass der Vater von Elisabeths älterer Tochter – nach einer ernsten Aussprache – heute zumindest regelmäßig Unterhalt zahlt und somit finanziell anwesend ist. Der Vater der jüngeren Tochter übernimmt heute sogar zumindest ein Drittel der Erziehung und der Betreuung seiner kleinen Tochter, das heißt, die kleine Stella und ihr Vater haben heute ein inniges Verhältnis, die ehemaligen Beziehungspartner haben zumindest durch Absprachen immer wieder mal einen Kontakt.

Da die Trennung von Elisabeth und dem Vater des jüngsten Kindes zum Zeitpunkt der Beratung noch ganz frisch war, konnten wir an dieser Stelle noch Dinge einfacher ändern. Zum einen war es in der energetischen Arbeit leichter, die Verhältnisse wieder in ein neues Fahrwasser zu bringen. Zum anderen konnte Elisabeth durch die neuen Erkenntnisse Gespräche mit ihrem Expartner führen und Entscheidungen treffen, die sie vorher nicht für möglich gehalten hatte. Eine wichtige Maßnahme für beide ehemaligen Partner war etwa eine mehrstündige Mediation, bei der sich die beiden darüber austauschten, was sie voneinander in der Beziehung zu Stella und bezüglich der Übergaben und Absprachen erwarteten. Bei der ersten Tochter und der ersten Trennung hätte Elisabeth so eine Form des »Sich-an-einen-Tisch-Setzens« für unmöglich und abwegig gehalten – und zog eine solche Möglichkeit deshalb auch nie ernsthaft in Erwägung. Dass diese Abwehr möglicherweise sogar Teil der Sippenprogrammierung war, ist eine Mutmaßung. Elisabeth hält das mittlerweile aber für möglich.

Elisabeth hat heute, Jahre später, einen festen Freund, mit dem sie aber nicht zusammenlebt. Auch wenn wir an ihrem Thema gearbeitet haben, vermute ich, dass es für sie einfacher und letztlich eine elegantere Lösung ist, wenn ein Partner zwar an ihrem Leben teilnimmt, aber nicht komplett an ihrer Seite steht. Möglicherweise wäre das auch heute noch ein bisschen zu viel für sie.

Eine Anmerkung an dieser Stelle ist mir noch wichtig. Ich kenne sehr viele alleinerziehende Frauen, die mit einem bewundernswerten täglichen Management ihre Kinder großziehen und es diesen an nichts fehlen lassen. Ich möchte keinesfalls den Eindruck aufkommen lassen, dass diese Frauen in irgendeiner Weise »selber Schuld« seien an ihrer Situation. Für mich ist es dennoch auffällig, dass viele dieser Frauen anscheinend unbewusst den Regeln, Mechanismen und Verhaltensmustern ihrer Sippe folgen. Mir ist es wichtig, Licht in diesen unbewussten und meiner Meinung nach sehr weitverbreiteten Prozess zu bringen. Ich habe in meinen Beratungen immer wieder festgestellt, dass sich durch die Arbeit am Genogramm zwar so gut wie nie eine in die Brüche gegangene Liebesbeziehung reparieren lässt, sehr häufig tauchen die Väter aber nach der Bearbeitung mit praktischer oder finanzieller Hilfe wieder auf, bekunden Interesse zumindest an ihren Kindern, und die Lebenssituation der Mütter und der Kinder verbessert sich zum Teil erheblich. Und in vielen Fällen gibt es auch eine einheitliche und langfristige Einigung bezüglich der Unterhaltszahlungen.

Faustregeln

- Wenn die Großmutter früh ihren Mann verloren hat und somit die Mutter den Vater – kann es sein, dass die Tochter das Muster wiederholt, indem sie sich mit allen Partnern zerstreitet, besonders, wenn sie selbst Kinder bekommt.
- Finanziell fehlende Zuwendung von Vätern für ihre Kinder hängt oft damit zusammen, dass in vorangegangenen Generationen Väter oder Großväter früh gestorben sind oder anderweitig abwesend waren.

ÜBUNG
Wie verbindlich darf es sein?

Wir alle vertragen nur ein gewisses Maß an Nähe. Folgende Fragen zum Thema Nähe und Distanz in Beziehungen sollen Ihnen helfen, mehr über sich selbst und Ihr Bedürfnis nach Verbindlichkeit oder Abstand zu erfahren.

1. Hatten Sie schon mal eine Fernbeziehung? Oder öfter? Oder nie? Was war daran schön? Was war oder ist daran mies?
2. Es gab Momente, da war ein Partner sehr verbindlich und freundlich zu mir und mich hat es ein wenig gestört. Das war in der Zeit mit …

Es war mir trotz aller »Nettheit« ein bisschen unangenehm mit ihm/mit ihr, weil …

3. »Seine Kinder muss man zur Not auch allein aufziehen können.« Wie sehr können Sie sich mit diesem Satz anfreunden oder nicht? Wo kommt diese Meinung her?
4. Waren die Frauen in Ihrer Familie mit der Aufgabe der Kindererziehung eher allein oder gab es einen Partner an ihrer Seite? Gibt es Parallelen zu Ihrer eigenen Situation?
5. Gab es in Ihrer Familie sehr enge, anklammernde und beinahe symbiotische Beziehungen? Wenn Sie an diese Beziehungen denken, fragen Sie sich: Leben Sie selbst ähnlich? Hat auch Ihre Beziehung einen sehr engen und ausschließlichen Charakter?

FALL III: Fremdgehen und Lügen setzen sich über Generationen fort

Wenn man sich Beziehungen und ihre Gestaltung in Bezug auf die Sippe, aus der man kommt, anschaut, ist ein sehr plakatives und auch häufiges Thema in Beratungen das Fremdgehen. Dazu erst einmal ein paar grundsätzliche Überlegungen und Erfahrungswerte: Wenn ein oder beide Elternteile ständig Nebenbeziehungen und Affären haben, zieht das so gut wie immer eine ganze Reihe weiterer Konsequenzen nach sich. Wo sexuelle Untreue allgegenwärtig ist, da wird auch gelogen und verheimlicht, vertuscht und getrickst. Keiner der Partner zeigt offen, wie er wirklich denkt und fühlt, keiner offenbart dem anderen seine Gefühle, Wünsche, Leidenschaften. Das zerstört oft einen großen Teil der Unbeschwertheit, Spontanität und des Vertrauens in die Beziehung der Eltern. Diese Atmosphäre von Misstrauen und Vorsicht zwischen den Eltern bekommen die Kinder zwangsläufig mit. Auch wenn Kinder oft nicht spürbar oder bewusst leiden und im Rückblick eher das Gefühl haben, dass die Beziehung der Eltern sie »nie wirklich etwas anging und sie nie wirklich belastet hat«, verinnerlichen viele Kinder durch diese Prägungen für ihr weiteres Leben zumindest Sätze wie: »Familie ist ein Ort, an dem gelogen wird«, oder aber: »Partner in einer Liebesbeziehung müssen vor einander auf der Hut sein«, und letztlich oft auch einen ungünstigen Satz wie: »Echte und richtige Familie findet nur da statt, wo einer der Partner fremdgeht.«

Dazu kommt noch, dass Familien, in denen einer der Partner ein notorischer Fremdgeher ist, immer auch anfällig für festgefahrene

Täter-und-Opfer-Dynamiken sind: Dann sitzt einer der Partner permanent zu Hause und fühlt sich betrogen, weint oder grämt sich, der andere Partner ist dagegen schillernd, sexuell aktiv, egoistisch und versetzt den anderen in die leidende Position. Dadurch verinnerlichen Kinder von Eltern, bei denen Seitensprünge ein Dauerthema sind, auch Handlungsprogramme in Richtung: »Eine gute Familie ist eine, in der sich ein Partner wie ein Täter und einer wie ein Opfer fühlt.« Aus meiner Praxis heraus würde ich die Einschätzung wagen, dass die transgenerationale Weitergabe des Themas Betrug, Misstrauen und Fremdgehen mächtig ist. Das heißt: Selbst wenn ein Sohn oder eine Tochter aus einer Familie, in der Untreue prägend war, sich noch so sehr vornimmt, selbst nicht in dieses Verhaltensmuster einzusteigen – häufig bekommt er oder sie in irgendeiner Weise doch damit zu tun.

Wie es mit vielen Dingen in unserem Leben ist, wiederholen wir ja generell häufig die Verhaltensmuster, die wir als Kinder in unserer Familie gesehen haben, auch wenn wir Stein und Bein schwören, es nicht zu tun. Dazu sagt die renommierte Psychoanalytikerin Schützenberger: »Gräme dich nicht, wenn deine Kinder nicht tun, was du sagst. Sie werden immer das tun, was du getan hast und tust.«[29] Mit der Untreue und dem Verrat, so meine These, ist das jedenfalls ziemlich häufig so.

Ich denke da etwa an die Geschichte von Alexandra. Sie war zu dem Zeitpunkt, als ich sie kennenlernte, 34 Jahre alt, arbeitete als Beraterin bei einer kleinen Consultingfirma. Sie ist ehrgeizig und kinderlos, hat einen »sehr netten Mann«, wie sie selbst sagt, mit dem sie seit drei Jahren verheiratet ist. Alexandras Mann Daniel ist ebenfalls beruflich erfolgreich, arbeitet als mittlere Führungskraft bei einer Bank. Die beiden Partner kommen aus sehr unterschiedlichen Familien. Alexandras Eltern haben ein Hotel mit Restaurant in Tirol betrieben, das die Familie immer noch besitzt und das mittlerweile von Alexandras ältestem Bruder geleitet wird. Die Mutter hat im Hotel mitgearbeitet, sich ansonsten um Alexandra und ihre drei Geschwister gekümmert. Alexandra, die Jüngste, hat ihrem Vater gegenüber ein zwiespältiges Verhältnis. Einerseits erinnert sie ihn aus Kindertagen als einen lauten, lustigen Mann, der mit ihr rumalberte und im Hotel vor den Gästen eine gute Figur machte. Andererseits war es ein offenes Geheimnis, dass er ein notorischer Schürzenjäger und Bordellbesucher war. Die Mutter hat sehr unter ihm gelitten, hat das Konstrukt – einerseits Ehemann und Unternehmer, andererseits Lebemann – aber Jahrzehnte lang mitgetragen. Sie wusste, was er tat, wenn er nachts sehr spät nach Hause kam. Sie hat deshalb oft geweint, war viel krank und zeitweise depressiv.

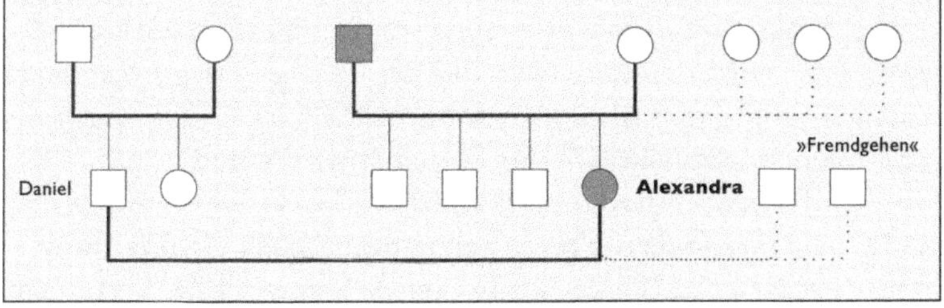

Genogramm 8
Alexandra

In der Familie von Alexandras Mann Daniel ging es komplett anders zu. Die Mutter ist bis heute Lehrerin an einer Berufsschule, der Vater arbeitet als Geschäftsführer eines kleinen Bildungsträgers. Daniel und seine jüngere Schwester haben ihre Eltern so gut wie immer harmonisch erlebt. Die beiden sind bis heute ein halbwegs glückliches Paar, genießen ihr gemeinsames Leben, interessieren sich beide für Kultur und sind sportlich.

Aus seiner Prägung und Programmierung heraus ist Daniel also ein relativ treuer und zuverlässiger Typ, für den es selbstverständlich ist, dass er Alexandra von Anfang an immer mal wieder sagt, dass er sie aufrichtig liebt – und dass er ihr immer treu sein wird. Alexandra hat sich während des gemeinsamen Studiums unter anderem in Daniel verliebt, weil er so ein guter Kerl und eine treue Seele ist. Doch nach ein paar Jahren fängt es in der Beziehung gehörig an zu kriseln. Alexandra merkt, dass sie mit Daniel unzufrieden ist, er ist ihr »irgendwie zu lieb«. Sie merkt, dass sie es besser finden würde, wenn er sich ab und zu mal »wie ein Arschloch benehmen würde und nicht immer so komplett korrekt wäre«, schildert Alexandra die Gefühle aus dieser Phase. Hier kämpft sie unbewusst schon mit der Programmierung aus der eigenen Sippe. Für Alexandra, so paradox es klingen mag, ist »Ehe und Beziehung nur richtig, wenn einer der Partner fremdgeht«, denn so haben es ihr die Eltern immer wieder vorgelebt. Man kann diese Phase der Beziehung so verstehen, dass Alexandra ihren Mann Daniel auffordert, den »Fremdgeh- und Betrugspart« zumindest zum Teil zu übernehmen, so dass Alexandra den Stress, der damit verbunden ist, dass sie anders lebt als ihre

Eltern, nicht spürt. Aber Daniel ist die Idee, »ein bisschen unverbindlicher oder liebloser zu sein« komplett fremd. Er versteht den Sinn nicht.

Alexandra versteht eigentlich auch nicht, warum es ihr so wichtig ist, wird aber in der Beziehung immer unzufriedener. Schließlich stürzt sie sich selbst in eine ernsthafte Affäre mit einem ihrer Arbeitskollegen, die sie vor Daniel ein Jahr lang verheimlicht. Als der Betrug rauskommt, ist das Vertrauen von Daniel zunächst komplett zerstört. Er wird depressiv, verschlossen und verliert an Selbstvertrauen. Nur im Job funktioniert er noch. Nach einer Krise von einigen Monaten berappelt sich das Paar aber wieder und es folgen ein neuer Aufbruch und eine harmonischere Phase. Doch Alexandra merkt, dass sie mit dem Thema Seitensprung noch nicht fertig ist – immer wieder verguckt sie sich in andere Männer, flirtet, hat auch noch zweimal einen heimlichen One-Night-Stand. Sie schämt sich dafür, aber sie hat das Gefühl, dass sie nicht anders kann.

Mit diesem Problem kommt sie zu mir in die Beratung. Sie ist eine reflektierte Frau und fragt sich, warum nun ausgerechnet sie anfängt, ihrem Mann untreu zu sein, da sie sich doch im Grunde nichts sehnlicher gewünscht hat als einen Partner, der, anders, als ihr eigener Vater es bei der Mutter gemacht hat, einfach so an ihrer Seite steht und bleibt. Als wir Alexandras Genogramm anschauen, beginnt sie allerdings rasch zu verstehen, was ihr passiert ist: Um eine gute Tochter ihrer Eltern zu sein, die unbewusst die Prinzipien dieser Eltern weiterlebt, müsste sich Alexandra eigentlich einen Mann suchen, der fremdgeht und sie schlecht behandelt. Da sie unter der Beziehung der Eltern gelitten hat, sucht sie sich erst mal ganz bewusst einen anderen Mann – einen netten Typen, der auch noch treu ist. Eigentlich ja eine gute Entscheidung.

Doch mit diesem zuverlässigen und netten Mann gehört sie nicht mehr in die Tradition und in die Ordnung der eigenen Sippe, ist nicht mehr die gute Tochter ihrer Mutter. Diesen Zwiespalt löst Alexandra, indem sie erst Daniel bittet, »sich auch mal wie ein Arschloch zu verhalten«, und dann, als er sich nicht darauf einlässt, selbst aktiv wird und fremdgeht. Sie sorgt jetzt quasi selbst dafür, dass ein Täter-Opfer-Gefälle, Lügen und Leiden in die Beziehung kommen und sie so quasi wieder Anschluss an die Atmosphäre einer Liebesbeziehung bekommt, wie sie diese von den Eltern kennt. Jetzt ist es ihr Partner Daniel, der leidet wie vorher ihre Mutter.

Eine solche Umkehr von sogenannten Täter-und-Opfer-Rollen wie im Genogramm von Alexandra erlebt man in Beziehungen häufig. Oft suchen sich beispielsweise Frauen, die einen leistungsorientierten, fordernden Vater hatten, einen ebensolchen Mann. Wenn sie es nicht tun, sich quasi einen netten Mann gönnen, werden sie im Laufe der Beziehung oft selbst wie ihr eigener Vater, verhalten sich fordernd, kalt, geben Liebe nur, wenn sie mit den Leistungen des Partners einverstanden sind. Wenn man darauf achtet, sieht man diese Dynamik in Beziehungen sehr häufig.

Alexandra hat das Prinzip dieser Umkehr sofort verstanden und konnte es nicht nur bei sich selbst, sondern auch bei anderen Paaren im Bekanntenkreis identifizieren. Deshalb war sie auch sofort einverstanden, als ich ihr vorschlug, die Programmierungen aus ihrer Sippe zu bearbeiten. Als Erkenntnissätze formulierte ich:

> **Ich darf meinem Mann treu sein und er mir – und ich gehöre trotzdem zu meiner Sippe.**
>
> **Ich darf eine vertrauensvolle und ehrliche Beziehung führen und gehöre trotzdem zu meiner Sippe.**

In der anschließenden energetischen Arbeit haben wir mit diesen Sätzen gearbeitet. Für Alexandra, die danach noch zwei weitere Sitzungen zu mir kam, war es eine tiefe, sehr lösende Arbeit. Sie hatte zum einen das Gefühl, dass sie nun viel besser versteht, was sie in ihrem Leben umtreibt und »warum ihr Leben so abgelaufen ist, wie es ist«. Neben der Erkenntnis hat sich aber auch ihr Bedürfnis, nach anderen Männern Ausschau zu halten, reduziert. Ihr Fazit: Das obsessive, leidenschaftliche Suchen nach anderen Männern hatte nichts mit sexueller Frustration oder Abenteuerlust zu tun. Es war vor allem eine sehr tiefe und wirksame Programmierung aus der Sippe.

Von Alexandra habe ich später noch manchmal Mails bekommen. Das Paar ist bis heute kinderlos geblieben. Sie sind sehr wohlhabend und haben sich ein schönes Leben mit vielen Reisen und gemeinsamen Hobbys aufgebaut. Auch das ist interessant: In Sachen Beziehungsgestaltung hat sich nun, da Alexandras Familienprägung in dem Punkt sozusagen aufgelöst ist, viel stärker die Linie von Daniel durchgesetzt – ein Paar, das gemeinsam sein Leben genießt und gemeinsame Hobbys pflegt.

Faustregeln

- Wenn in einer Familie in der Eltern- oder Großelternbeziehung einer vor allem das Opfer und einer der Täter ist, wird

man als Kind dieser Sippe mit großer Wahrscheinlichkeit selbst Beziehungen führen, in denen die Täter-Opfer-Dynamik eine Rolle spielt.
- Wenn Untreue und Betrug Familienthemen sind, ist es für Kinder schwer, selbst in ihren Liebesbeziehungen treu zu sein – es fühlt sich häufig falsch an, eine harmonische, treue Beziehung zu führen.
- Untreue ist nicht ans Geschlecht gebunden: Auch wenn in der eigenen Familie der Vater untreu war, kann das Muster ohne Weiteres auf die Tochter übergehen.

ÜBUNG
Das Erbe meiner Eltern

Die Beziehung unserer Eltern ist für uns vielleicht bewusst nicht immer ein Vorbild. Unbewusst wiederholen wir aber häufig in unseren Liebesbeziehungen die Stimmungen, Werte und Verhaltensweisen, die wir bei den eigenen Eltern gesehen und abgeguckt haben. Um sich dieser Prägungen bewusst zu werden, hilft es, sich zu fragen, welche Stimmungen in der eigenen Familie geherrscht haben. Dabei helfen folgende Fragen:

1. Wenn man die Stimmung in meiner Familie an einem Kaffeetisch am Sonntagnachmittag beschreiben sollte, würde ich folgende drei Worte wählen …
2. Eine schöne Szene zwischen meinen Eltern war …
3. Eine grässliche Szene zwischen meinen Eltern war …
4. Wenn beide Eltern da waren, war die Stimmung anders, weil …

Wenn Sie sich die Antworten auf diese Fragen anschauen – welches Thema oder welche Stimmung zieht sich durch? Was war vielleicht eine Prägung? Kennen Sie diese Stimmungen aus Ihren gegenwärtigen Liebesbeziehungen oder aus Ihrer eigenen »selbst gegründeten« Familie?

Tipp: Wenn Sie in Ihrem Berufs-, Familien- oder Alltagsleben ein paar Szenen gefunden haben, in denen Sie Atmosphären und Stimmungen aus dem Elternhaus wiederholen, können Sie in der nächsten ähnlichen Situation vielleicht eher Abstand nehmen und ein anderes Verhalten wählen – das Sie selbst schätzen und das besser in Ihr jetziges Leben passt.

FALL IV: Patchworkfamilien oder warum es dort trotz aller Bemühungen oft lange Zeit knirscht

»Je nach Datenquelle sind in Deutschland zwischen 7 und 13 Prozent aller Familien Patchworkfamilien«, so eine Analyse des Bundesministeriums für Familie, Senioren, Frauen und Jugend aus dem Jahr 2011.[30] Wir alle beobachten im Bekannten- und Freundeskreis, dass diese sogenannten alternativen Familienformen zunehmen – oder wir haben uns selbst mit neuen Partnern mit Familie zusammengetan. In ihrem sehr konstruktiven und empfehlenswerten Buch »Familie geht auch anders« beschreiben die systemischen Therapeuten Matthias Ochs und Rainer Orban, wie neu zusammengefügte Familienkonstellationen gelingen können.[31] Dieses Buch sei allen empfohlen, die sich mit dem Thema gerade beschäftigen, denn es bietet viele konstruktive Lösungsansätze und tut trotzdem nicht so, als sei das Zusammenleben in ganz neuen Strukturen ein Selbstgänger oder ein einziges lebendiges und liebenswertes Durcheinander.

Meine Arbeit mit Patchworkfamilien fängt oft da an, wo das Leben unter einem Dach von zwei halben neuen Familien, die nun auf einmal eine ganze werden sollen, konflikthaft und alles andere als reibungslos verläuft. Dabei sind die beiden neuen Eltern so gut wie immer bemüht, den Kindern und Stiefkindern Brücken zu bauen und einen guten Weg in die neue Situation zu finden. Stiefmütter und Stiefväter sind heute nur in Ausnahmefällen abweisend und garstig wie einst im Märchen – sondern bemühen sich redlich, als neue Bezugspersonen der Kinder aufzutreten, ohne gleich den leiblichen Vater oder die leibliche Mutter ersetzen zu wollen.

Dennoch gibt es immer wieder ernste Schwierigkeiten. Auf einer bewussten Ebene wollen alle, dass die Situation funktioniert – auf einer unbewussten Ebene gibt es aber Konflikte und Ambivalenzen, besonders bei den Kindern. Das äußert sich dann in Streitereien unter den Geschwistern und Stiefgeschwistern, in Sabotage von Familienplänen oder Ähnlichem. Damit bemühte Eltern verstehen können, was in ihren neuen Familienkonstellationen unter der Oberfläche los sein kann, stelle ich hier eine Familie vor, in der prototypische Patchworkfamilien-Konflikte aufgetreten sind.

Die Geschichte von Tatjana und Ralf zeigt meiner Meinung nach gut, wie unbewusste Sippenprogramme auf die neue Familie einwirken und wie stark die Dynamiken aus der Ursprungsfamilie weiterhin Einfluss nehmen. Tatjana, 48, eine Psychologin aus München, kam vor ein paar Jahren zu mir, weil sie das Gefühl hatte, dass ihre neue Familie ein bisschen mehr Frieden brauchen könnte. Tatjana selbst hatte aus erster Ehe drei Kinder mitgebracht, einen Jungen von damals acht und zwei Mädchen von fünf und drei. Ihr erster Mann, ein Biologieprofessor, der viel im Ausland unterwegs ist, hatte die Familie ein Jahr zuvor verlassen, bei einem Forschungsaufenthalt hatte er sich in eine Kollegin aus den USA verliebt und war dort geblieben. Eine Erschütterung für Tatjana und ihre Kinder.

In einer Initiative für Alleinerziehende lernte Tatjana allerdings schnell einen neuen Partner kennen, Ralf. Er ist Polizist, hat zwei Kinder, einen sechsjährigen Jungen und eine vierjährige Tochter. Ralfs erste Frau war unerwartet mit 42 an einem Schlaganfall gestorben und Ralf ist froh gewesen, so schnell eine neue Frau gefunden zu haben, die er noch dazu herzlich liebte. Die neue, nun siebenköpfige Familie ist der Einfachheit halber in Tatjanas Haus gezogen, das großzügig ist und Platz für alle bietet. Doch obwohl sich Ralf und Tatjana sehr bemühen, den Kindern ein gutes Zuhause zu bieten und nach und nach auch zu Bezugspersonen für die Kinder des anderen zu werden, nehmen im Haus die Streitereien kein Ende. Auch nach vier Jahren des gemeinsamen Zusammenlebens zeichnet sich keine Besserung ab. Im Gegenteil, es wird immer schlimmer. Die Rivalitäten zwischen den Stiefgeschwistern sind extrem. Und wenn Tatjana den Kindern von Ralf Vorschläge für Freizeitgestaltung, Urlaub oder Schulaufgaben macht, wird sie ignoriert oder ausgebremst. Die Kinder von Ralf haben, so sagen sie jedenfalls immer wieder, einfach »keinen Bock auf Tatjanas Vorschläge«. Und Tatjanas älterer Sohn Justus – mittlerweile bald zwölf – liefert sich verbale Gefechte mit Ralf, die sich Tatjana nicht allein mit der aufziehenden Pubertät erklären kann.

Als sie zu mir kommt, macht sie sich große Sorgen, ob ihr Vorhaben »gemeinsame neue Familie« gerade dabei ist zu scheitern, zumal ihr Sohn auch in der Schule absackt, keine Lust hat, seine Freunde zu sehen – er setzt einfach viel Energie in die Streitereien zu Hause. Tatjana gegenüber, zu der er ein sehr enges Verhältnis hat, hat Justus schon mehrfach gesagt, dass es ihm wesentlich besser gehen würde, wenn er nicht mit dieser anderen Familie zusammenwohnen müsste. Und das, obwohl Ralf sich engagiert am Familienleben beteiligt, mit den Kindern Ausflüge macht, schwimmen geht und sich wirklich um Kontakt und Gespräche bemüht.

In der Beratung geht es dann auch gleich um das Genogramm beziehungsweise darum, die mittlerweile nicht mehr ganz neue Familienkonstellation zu verdeutlichen. An der Konstellation kann man – auch ohne die Ebenen der Großeltern allzu stark mit einzubeziehen – in diesem eindeutigen Fall viel sehen.

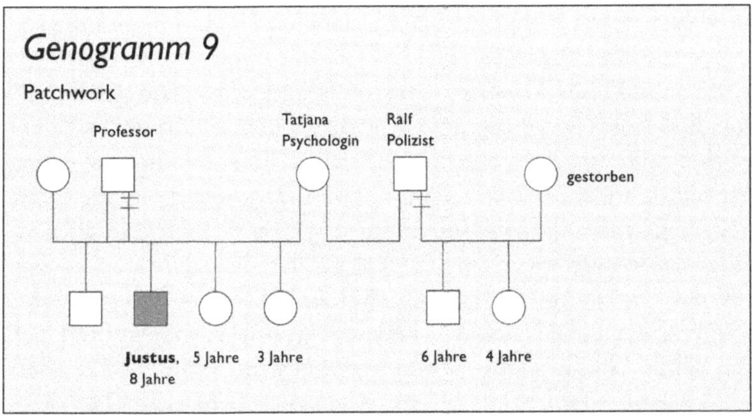

Zuerst versuche ich Tatjana zu erklären, dass in einer Patchworkfamilie immer die Regeln und Programme der Ursprungssippe hineinfunken, und zwar oft auf unbewusster Ebene. Das bedeutet vor allem für die Kinder: Die erste und leibliche Familie ist für sie immer wichtiger und stärker als die neu zusammengesetzte Familie. So weit würde auch jeder Familientherapeut oder Familienaufsteller zustimmen.

Ich erläutere Tatjana also, dass die Konstellation der ersten Familie unbewusst weiterwirkt. Zum einen sind da ganz allgemein die Normen und Werte der Ursprungsfamilie. Jede Geschwistergruppe will zumindest teilweise die Regeln, Gewohnheiten und Werte der jeweiligen ersten Familie schützen und lehnt die der anderen ab. So erklärt sich beispielsweise, warum die Kinder von Ralf Tatjanas Vorschläge der Freizeitgestaltung oder der Urlaubsplanung ablehnen. Denn diese passen so gar nicht zu denen, die in der ursprünglichen Familie aufkamen. Die leibliche Mutter der beiden Kinder war Grafikerin, die zu Hause ihr Büro hatte und nur von dort aus arbeitete, mit den Kindern viel werkelte und bastelte, die Marmeladen einkochte, strickte, zu allen Festen mit den Kindern Plätzchen backte und ähnliche häusliche Aktivitäten liebte. Das alles kann Tatjana nicht, sie hat im Haushalt zwei linke Hände, dafür liebt die Psychologin das Theater. Dass die Vorschläge zu einem gemeinsamen Sonntag im Kindertheater und zu ähnlichen kulturellen Veranstaltungen von Ralfs Kindern rigoros abgelehnt werden, muss man in dem Zusammenhang sehen und verstehen. Umgekehrt ist Tatjanas

Sohn Justus nicht bereit, mit Ralf schwimmen zu gehen. Nicht nur, weil er von jeher lieber Fußball spielt. In seiner Ursprungsfamilie hat der Vater mit den Kindern so gut wie gar nichts unternommen – da kann Justus jetzt schlecht dem ambitionierten Freizeitprogramm seines neuen »Vaters« folgen.

Anhand dieser These wird auch schnell klar, warum gerade und vor allem Sohn Justus so große Schwierigkeiten mit der neuen Patchworkfamilie hat. Zum einen hat er seinen Vater am längsten erlebt, hat acht Jahre in der ersten Familie zugebracht und daher die Werte und Programme der Ursprungsfamilie stärker verinnerlicht als seine jüngeren Schwestern. Zum anderen war der Vater der Kinder schon vor der Trennung häufig abwesend und beinahe desinteressiert, während der neue Vater sich liebevoll kümmern möchte und sich den neuen »Stiefkindern« zuwendet. Man kann sich vorstellen, dass es für Justus einen Konflikt gibt – den Angeboten von Ralf zuzustimmen wäre ein Verrat am leiblichen Vater.

Dass Justus generell zum Symptomträger der Familie wird, also im Moment das Sorgenkind ist und derjenige, der das neue System zu sprengen droht, liegt auch noch an anderen Konstellationen: Justus ist in seiner Familie der älteste Sohn, er ist sozusagen der »Sippenchef«. Eine Art ungeschriebene Regel lautet: Wenn der Vater aus dem Haus ist, wird der älteste Sohn der Sippenchef und übernimmt die Verantwortung. Mit diesem zumindest teilweise und unbewusst wirkenden Auftrag geht Justus in die neue Familie. Dazu kommt aber noch, dass es in der neuen Geschwisterreihe einen zweiten Sippenchef gibt, nämlich den jüngsten Bruder, der beim Einzug erst sechs war, nun zehn Jahre alt ist. Natürlich ist Justus der deutlich Ältere und damit auch Stärkere der beiden. Er wird seine Überlegenheit aber auch ausnutzen und immer wieder zu zeigen versuchen, wer die Nummer eins in der Familie ist. Er tut das nicht, weil er arrogant wäre, egoistisch oder aggressiv, sondern lediglich, weil er den Ursprungszustand der Familie, die er kennt, aufrechterhalten will und innerlich sogar »muss«.

Dazu kommt noch, dass Justus' leiblicher Vater ja aufgrund seines Berufs als Biologe schon immer so oft abwesend war, dass Justus in der Vergangenheit oft der »einzige Mann im Haus« war – und so die Sippenchefrolle und die Rolle als eine Art Ersatzpartner der Mutter bereits immer wieder geübt und verinnerlicht hat. Auch deshalb ist der neue Partner Ralf für ihn eine Gefahr. Andererseits hat Justus auch noch die Bürde zu tragen, dass er sich mit seinem leiblichen und abwesenden Vater solidarisieren muss. Dieser Vater »glänzt« vor allem dadurch, dass er sich nicht mehr auf die Familie einlässt, keine Gemeinsamkeiten will und abwesend und abweisend ist. Er ist schlichtweg nicht mehr da. Wenn Justus auch nur halbwegs so handeln will wie sein Vater, muss auch er abwesend in der neuen Familie sein – und das tut er, indem er entweder streitet oder unkonzentriert vor sich hin lamentiert.

Tatjana begreift rasch, dass bei ihrem Sohn Justus quasi die Fäden zusammenlaufen und die Belastung besonders groß ist – sie ist aber auch geschockt davon, dass die Konstellationen aus der Ursprungsfamilie so stark nachwirken und dass sie mit aller Liebe und Bemühung nur schwer dagegen ankommen kann.

Diese Erkenntnis gewinnen viele Menschen, die in Patchwork-Konstellationen leben. Sehr viele neu zusammengewürfelte Familien haben natürlich weniger Schwierigkeiten als Tatjanas Clan, aber dennoch gibt es ein paar häufige Probleme, die mit dem neuen Zusammenwerfen von zwei Familien so gut wie immer bestehen.

An dieser Stelle noch eine Beobachtung aus meiner Praxis: Besonders die Kinder haben durch das Scheitern der Ursprungsgruppe zumindest zu einem Teil den Satz verinnerlicht: »Eine Familie, zu der ich gehöre, ist nur richtig, wenn sie auseinanderbricht.« Das bedeutet, dass die Kinder aus beiden Ursprungsfamilien hier eine große – und manchmal sogar einzige – Gemeinsamkeit haben. Oft arbeiten sie dann unbewusst und zusammen daran, dass auch diese neue Familie wieder scheitert und letztlich ganz auseinanderbricht. Einige meiner Klienten haben mir geschildert, dass die Kinder sich im Grunde dauernd streiten und rangeln, sich aber beinahe gespenstisch einig sind, wenn es darum geht, gemeinsam die Harmonie bestimmter Feiertage, von Urlauben oder anderen Gruppenaktivitäten zu torpedieren.

Mit Tatjana habe ich einige Programmierungen und Spannungen im System bearbeitet und aufgelöst. In die neue Familie ist nach einiger Zeit ein bisschen mehr Frieden eingekehrt. Neben der energetischen Arbeit hat Tatjana mit den eigenen Kindern und den Kindern von Ralf viele Gespräche geführt – und akzeptiert auch, dass sich nicht alle immer »wie Geschwister« verstehen und verstehen müssen. Das hat einiges entkrampft. Ich bin aber gerade bei Patchworkfamilien der Meinung, dass energetische Arbeit und Genogrammarbeit zusätzlich zu herzlichen Bemühungen vieles erleichtern.

Tatjanas Sohn Justus hat es ebenfalls gutgetan, dass Tatjana sich mit den Problemen auseinandergesetzt hat, die Justus durch seine

Position in der Familie hat – und durch seine Aufgabe, sich mit seinem Vater solidarisch zu zeigen. Und auch wenn die Familie nun tatsächlich runder lief und auch Justus wieder mehr Freunde traf, Fußball spielte und auch wieder der sehr gute Schüler wurde, der er einmal war – auch in diesem Punkt solidarisiert er im System wahrscheinlich seinen sehr erfolgreichen und ehrgeizigen Professorenvater –, habe ich von Tatjana erfahren, dass Justus sich mit 17 Jahren eine eigene Wohnung genommen hat, noch vor dem Abitur nun allein lebt. Für ihn ist das der richtige Schritt und die Familie ist auch nicht miteinander im Clinch, doch zeigt sich auch hier noch die Solidarisierung mit dem Vater – der sich ganz aus der Familie zurückgezogen hat.

Die Geschichte von Tatjana und ihrem Sohn ist letztlich eine ganz alltägliche, denn niemand in dieser Familie hat ernsthafte psychische oder soziale Probleme. Im Gegenteil, alle entwickeln sich gut und auch die Beziehung zwischen Ralf und Tatjana hat sich mit den Jahren eher noch verfestigt. Dennoch zeigt dieses Beispiel plastisch, dass gerade Justus in der neuen Konstellation sehr kämpfen musste – obwohl alle bemüht gewesen sind, die neue Familiensituation gut zu gestalten.

Ich möchte zu diesem Fall abschließend noch anmerken, dass es in Tatjanas Familie auch noch eine Großelternebene und Urgroßelternebene gab, in der Flucht und Verlust im Krieg eine Rolle gespielt haben. Diese Ahnenkonstellationen begünstigten noch einige Solidarisierungen von Justus mit einem seiner Großväter und hatten auch Auswirkungen auf Tatjana, die für Verluste und Brüche in Beziehungen anfällig war und ist. In der konkreten Arbeit mit Tatjana haben diese Aspekte eine große, eine entscheidende Rolle gespielt. Wir haben in der Beratung real also eine echte Genogrammarbeit gemacht, die ja per definitionem immer erst dann beginnt, wenn man mindestens drei Generationen betrachtet. An dieser Stelle sei mir die Vereinfachung aber erlaubt, da durch die Zusammenführung von zwei Familien ohnehin viele Dynamiken im System zu erklären sind und es hier ja um die Besonderheiten von Patchwork-Situationen gehen sollte.

Faustregeln

- Wenn der Vater die Familie verlässt, sind die Kinder oft auf das Thema »Verlassen« und »Zerfall« programmiert, drängen entweder früh aus der Familie – oder versuchen, in der neuen Familie Harmonie nicht aufkommen zu lassen.

- Ein »neuer« Vater oder eine »neue« Mutter in einer Patchworkfamilie wird von Kindern zwar oft äußerlich akzeptiert, innerlich ist es für Kinder aber oft unmöglich, Angebote anzunehmen, die anders sind als die des Elternteils, der gegangen ist.

EXKURS: Trennungen, Tod von Eltern und Schuldgefühle

Es ist eine psychologische Binsenweisheit, dass Kinder häufig Schuldgefühle haben, wenn Eltern sich streiten oder trennen. Sehr oft denken sie: »Ich bin schuld, dass meine Eltern sich trennen«, oder: »Mein Papa mag mich nicht, deshalb ist er gegangen – deshalb bin ich schuld, dass die Dinge jetzt so stehen, wie sie es tun.« Das Gefühl von Schuld stellt sich auch ein, wenn ein Elternteil gestorben ist. Kinder denken dann unbewusst, dass Mutter oder Vater sie »nicht genug geliebt haben, sonst wären sie ja geblieben«.

Es wird im Unbewussten auch hier oft nicht unterschieden, ob ein Elternteil gestorben ist und deshalb »gegangen ist« oder ob einfach eine Beziehung auseinandergebrochen ist und ein Elternteil deshalb »weg war«. Das bedeutet aber auch, dass Kinder, die in einer Patchworkfamilie zusammenkommen, in der bei einer Familie jemand gestorben ist und bei der anderen Familie eine Beziehung zerbrochen ist, eine unbewusste Ähnlichkeit haben: das Schuldgefühl. Ich habe häufig beobachtet, dass sich dieses gemeinsame Schuldgefühl im Laufe des Zusammenlebens in der Familie potenziert, die Kinder sich quasi gegenseitig noch weiter in diesem Schuldgefühl bestärken. Um das auszugleichen, kann es für Eltern, die sich in einer neuen Familie zusammentun, gut sein, immer mal wieder mit den Kindern über das Thema zu sprechen, dass sie unschuldig und frei sind und dass die Trennung allein eine Angelegenheit des Elternpaars ist, für die auch nur diese Verantwortung tragen.

Auch im Fall eines verstorbenen Elternteils kann man diese Art Schuld mit dem Kind thematisieren – auch wenn sie irrational ist. Manchmal können Kinder viel damit anfangen, fühlen Erleichterung und entspannen sich nach und nach. Dann kann eine neue Gemeinsamkeit unter den Geschwistern und Halbgeschwistern auch sein, dass sie Schuldgefühle langsam loslassen. Aus meiner ganz persönlichen Warte ersetzen solche praktischen und guten Schritte aber in Fällen, in denen es bereits einige Schwierigkeiten gibt, nicht die energetische Arbeit am System.

EXKURS: Der Halbbruder kommt

Immer wieder gibt es in meiner Praxis und natürlich auch im Leben die Konstellation, dass sich bei Menschen, die mittlerweile selbst Familien haben oder die gerade dabei sind, im Bereich Beziehung und Beruf eigenständig zu werden, plötzlich Halbgeschwister melden, von denen sie nichts wussten. Es kann sein, dass Elternteile etwa Affären vertuscht haben und die Kinder, die aus solchen Verbindungen entstehen, verheimlichen, grundsätzlich nicht anerkennen oder den Kontakt verweigern. Sind diese verheimlichten oder nachgerückten Kinder dann erwachsen, stellen sie Nachforschungen an und machen ihre Halbgeschwister ausfindig. Oder es sind schlicht die Kinder aus einer zweiten Ehe eines Elternteils, die in der Kindheit noch kein Interesse verspürten, Kontakt mit Halbgeschwistern aus alten Beziehungen aufzunehmen, mit zunehmender Reflexion übers eigene Leben aber eine Neugier für all die Menschen entwickeln, die zur eigenen Familie dazugehören.

Oft sind es die verheimlichten Kinder oder die später geborenen, die diesen Kontakt aktiv suchen, initiieren, manchmal sogar forcieren. Sie suchen Anschluss, Identität und wollen gucken, wer außer ihnen und ihren engsten Verwandten noch zu ihrem Familiensystem gehört.

Für die Kinder aus den ersten Beziehungen ist dieses Kennenlernen zwar auch interessant, aber das Zusammentreffen selbst ungleich schmerzhafter. Sie sind es ja, die »verlassen« oder »belogen« wurden und die mit den neuen Geschwistern auch noch schmerzlicher vor Augen geführt bekommen, dass Vater oder Mutter sie komplett verlassen hat. Die anderen und neuen Kinder werden dann als Rivalen wahrgenommen.

Wenn man sich das noch einmal am Beispiel von Tatjana und ihrer Familie anschaut, ist es durchaus im Rahmen des Möglichen, dass der – lange Jahre komplett abwesende – Vater mit seiner neuen und jüngeren Frau noch weitere Kinder bekommt, etwa einen Sohn. Das ist im Moment ein Gedankenspiel, aber im Bereich des Möglichen. Dieser würde denn vermutlich in den USA aufwachsen und hätte zunächst keine Ahnung von der früheren Familie des Vaters – oder, wie es ja oft bei Kindern ist, hat zwar gehört, dass es da eine Familie gab, interessiert sich aber erst einmal nicht besonders dafür. Dieser Sohn ist nun zwanzig, geht auf Europareise, besinnt sich auf seine »Halbgeschwister« und nimmt Kontakt zu seinem Halbbruder Justus auf, der mittlerweile dreißig Jahre alt ist, einen Job und eine Freundin hat. Wenn Justus von diesem Halbbruder hört, kann das für ihn keine angenehme Nachricht und auch keine freudige Begegnung sein. Sein Unbewusstes sieht in dem Halbbruder noch einmal einen neuen Rivalen, einen weiteren Bruder, der seine Stellung als Sippenchef antastet – außerdem vertieft allein die Existenz des Halbbruders wiederum das Gefühl, dass die Ursprungsfamilie unwiderruflich vorbei und kaputt ist.

Weil wir uns über solche unbewussten und sehr starken Dynamiken oft gar nicht bewusst sind, kann es sehr gut möglich sein, dass wir solche Halbgeschwister als eine Art Treppenwitz unserer Familiengeschichte ansehen und sie daraufhin einfach so einladen, treffen, kennenlernen. Nur sollte man sich nicht wundern, wenn diese Begegnungen innerlich mit sehr viel Stress verbunden sind. Im besten Fall versteht man sich gut und begegnet sich mit gemischten Gefühlen, oft sieht man sich einmal, manchmal wird danach von den Kindern aus der ersten Familie kein weiterer Kontakt gewünscht. Es kann aber auch sein, dass solche Ereignisse und Begegnungen bei Menschen psychische Krisen oder Erschütterungen auslösen, weil sie in besonderem Maße dazu führen, dass alte Verletzungen und Traumata wieder aufbrechen. Mir ist dieser Exkurs zum Thema wichtig, weil wir den Einfluss, den solche spät auftauchenden Halb- und Stiefgeschwister auf uns haben, oft komplett unterschätzen. Nicht wenige Betroffene merken aber irgendwann, dass das neugierige Zusammentreffen oder die Enthüllung der Existenz weiterer Halbgeschwister bestehende schmerzliche Dynamiken vertieft oder die eigene Position in der Ursprungsfamilie eklatant verändert. Das heißt nicht, dass man den hier erfundenen europareisenden Halbbruder aus Amerika nicht empfangen und kennenlernen sollte. Nur ist es sehr wichtig, sich klarzumachen, wie tiefgehend uns solche Zusammentreffen berühren und erschüttern können.

ÜBUNG
Meine Verluste

Trennungen und Scheidungen, der relativ frühe Tod von Elternteilen, das alles sind für uns Verlusterfahrungen, von denen wir unbewusst häufig das Gefühl haben, dass wir sie in unserem Leben wiederholen müssen. Auch der Verlust von Geschwistern, die entweder gestorben sind oder woanders aufgewachsen sind, gehört in diesen Bereich. Und auch be-

stimmte Verlusterfahrungen in der Geschichte unserer Eltern und Großeltern können bis zu uns weiterwirken, etwa wenn eine der Großmütter früh ihren Partner oder eines ihrer Kinder verloren hat. Diese Verlusterfahrungen sind zum Teil schrecklich und wir denken nicht gerne daran zurück. Dennoch kann es helfen, in einem ruhigen Moment zu schauen, welche Verluste Sie in Ihrer Familie erlebt haben. Schreiben Sie zwei oder drei Verluste auf, die Ihnen einfallen. Bedenken Sie, dass Verluste oft dazu führen, dass man selbst in Beziehungen Partner verlässt oder sie zumindest nicht so nah an sich heranlässt, wie man sich das eigentlich wünscht, dass man Freundschaften nur kurze Zeit pflegt oder dass man sogar die eigenen Kinder irgendwann verlässt. Wenn das Verlassen nicht physisch ist, kann es auch sein, dass man sich emotional aus einer Geschichte herauszieht oder sich lange immer wieder ambivalent verhält.
Überlegen Sie eine Weile, wie Ihre eigenen Verlusterfahrungen und die Ihrer Ahnen Sie und Ihr Leben geprägt haben. Welche Auswirkungen vermuten Sie? Schreiben Sie die wichtigsten Ideen auf. Auch wenn das sehr berührend sein kann, Erkenntnisse zu diesem Thema können Ihnen helfen, demnächst genauer zu schauen, bevor Sie automatisch Kontakte oder Beziehungen abbrechen oder Sie sich in der Liebe oder mit Freunden rigoros zurückziehen.

Wichtig I: Natürlich sind manche Freundschaften, Berufssituationen oder Beziehungen so, dass man sie abbrechen sollte. Wenn Sie aber merken, dass Verlust in Ihrer Familie oder auch in anderen Generationen Ihrer Sippe eine große Rolle spielt, seien Sie etwas behutsamer mit sich und mit anderen – und vielleicht auch gnädiger, bevor Sie einen Kontakt abbrechen.

Wichtig II: Eine Übung wie diese ist nicht ganz einfach. Wer meint, sich damit zu überfordern, lässt diese Übung weg. Kann allerdings sein, dass es sich lohnt, mal mit einem Therapeuten oder in einer Beratung über Verlustthemen zu sprechen – und zu reflektieren, inwieweit es das eigene Verhalten beeinflusst.

FALL V: Familienmitglieder aus verschiedenen Nationen

Wenn Sie sich noch einmal an den Beginn dieses Kapitels über Liebe und Beziehung erinnern, dann hatte ich dort bereits kurz angedeutet, dass Liebe, Partnerschaft und schließlich Heirat und Familiengründung für die Sippe und deren Logik immer ein wenig Stress bedeuten, weil per definitionem etwas Neues und etwas Fremdes in die Sippe kommt. Auf der mittlerweile klassischen Stressskala der Lebensereignisse des Psychiaters Thomas Holmes und seinem Team (Social Readjustment Rating Scale) ist die Heirat etwa mit einem Stresswert von 50 festgelegt und wird damit ähnlich belastend eingestuft, wie die Geburt eines Kindes oder ein Arbeitsplatzverlust. Die Forscher begründen diesen in Messungen gewonnenen Wert mit der großen Veränderung, die durch so ein Lebensereignis entsteht.[32]

Das sehe ich ganz ähnlich, aber natürlich denke ich bei dem Stress nicht nur an die beiden Beziehungspartner, sondern an die ganze Sippe: Eine neue Mischung entsteht und diese bringt bewusst und unbewusst neue Entwicklungschancen und neue Spannungen für die einzelnen *und* für die Sippe. Hier sei noch mal an das treffende Zitat der Psychoanalytikerin Anne Ancelin Schützenberger erinnert, das ich zu Beginn des Kapitels erwähnt habe. Sie sagt: »Wir stammen alle von gemischten Paaren ab«, und weist darauf hin, dass jede Ehe eine neue Mischung ist und man damit »neue Verpflichtungen« eingeht und zwar »gegenüber seiner Ursprungsfamilie, aber auch gegenüber der Ursprungsfamilie seines Partners«[33]. In ihrer therapeutischen Arbeit hat die Französin viel mit Paaren und Familien gearbeitet, die aus mehreren Nationen stammen. In einem Text beschreibt sie, dass in diesen Familien die Loyalitäten zur jeweiligen Ursprungssippe oft sehr stark durcheinandergeraten können und spezielle Konflikte entstehen, wenn in einer Ehe verschiedene Kulturen, Sprachen, Religionen, Geschichten von Einwanderung, Vertreibung oder Auswanderung aufeinandertreffen. »Vor allem die Menschen aus der zweiten und der dritten Generation wissen dann oft nicht mehr, wo ihre Familienloyalität ist. Sie wissen nicht, was sie machen sollen, weder wohin sie gehören, noch welches ihre Identität ist.«[34]

Schützenberger, die in Paris lebt, beschreibt das beispielsweise anhand der drei Generationen von meist muslimischen Nordafrikanern, die vor drei bis vier Generationen nach Frankreich gekommen sind. Während die Eltern vor allem Heimweh hatten und haben, baut die zweite Generation oft ein starkes Verhältnis zur neuen Heimat auf und versucht sich stark anzupassen. Die dritte Generation wendet sich wieder zurück zu den Wurzeln, besteht auf das Recht, auch anders zu sein, auch die Tradition des ursprünglichen Heimatlandes zu achten und weiterzuführen.

Solche generellen Muster, die in den verschiedenen Generationen von Einwanderern und Flüchtlingen typisch sind, tauchen immer wieder auf. Daneben hat der Familienursprung in unterschiedlichen Kulturen oft auch eine Auswirkung auf die Konflikte, die Besonderheiten und die gemeinsamen Entscheidungen bei binationalen Paaren. Die Sippen wirken also auf die Liebe ein. Und auch auf die Kinder, die aus diesem Zusammenkommen zweier Kulturen, Traditionen und Wertesystemen hervorgehen.

Ich habe mich entschlossen, diesem komplexem Thema hier kein eigenes, langes Kapitel zu widmen, sondern es als ein Kapitel von mehreren innerhalb des großen Konglomerats aus Beispielen rund um Ehe, Beziehung, Liebe und Familie zu beschreiben. Denn das ist dieses Thema letztlich auch für mich: eine von vielen typischen Familienkonstellationen unserer Zeit. Umso wichtiger finde ich dennoch, dass wir alle uns ein Bild davon machen können, wie wirksam die kulturellen Unterschiede in Bezug auf Loyalitäts- und Identitätskonflikte, in Bezug auf unbewusste Solidaritäts- und Ausgleichsbewegungen in Familiensystemen sind.

In diesem Zusammenhang möchte ich ein Beispiel von Dunja anführen, die vor mittlerweile zehn Jahren in meine Praxis kam und mit der ich arbeitete. Damals war sie 28 Jahre alt. Dunja ist die Tochter eines syrischen Vaters und einer deutschen Mutter. Sie kam in die Beratung, weil sie sich antriebslos und lustlos fühlte, irgendwie oft auch aufgeregt und wütend war. Neben dem emotionalen Zustand gab es auch einen ganz praktischen Anlass, warum Dunja mich aufsuchte: Sie bekam ihr BWL-Studium einfach nicht fertig, litt unter einer ausgeprägten Form der Prüfungsangst und schaffte deshalb auch die Hürde der letzten Examina nicht. Zuerst hatte sie sich einfach nicht zu den Prüfungen angemeldet, dann war sie vor lauter Nervosität auch bereits durch zwei wichtige Klausuren durchgefallen. Dass Dunja außerdem einen deutschen Freund hat, mit dem sie eine bereits mehrere Jahre andauernde Beziehung führte und mit dem sie mittlerweile auch zusammenwohnte, sei hier nur am Rand erwähnt, denn das spielt eine untergeordnete Rolle für die Fragestellung, mit der sie zu mir kam.

Nach einem Gespräch rund um die Situation und die Probleme,

die Dunja mit ihrem Studium hatte, stiegen wir nach und nach in die Genogrammarbeit ein. Was mich bei solchen binationalen Konstellationen interessiert, ist natürlich der genaue Hintergrund, den beide Eltern in die Verbindung mit eingebracht haben.

Genogramm 10

Binationale Familien

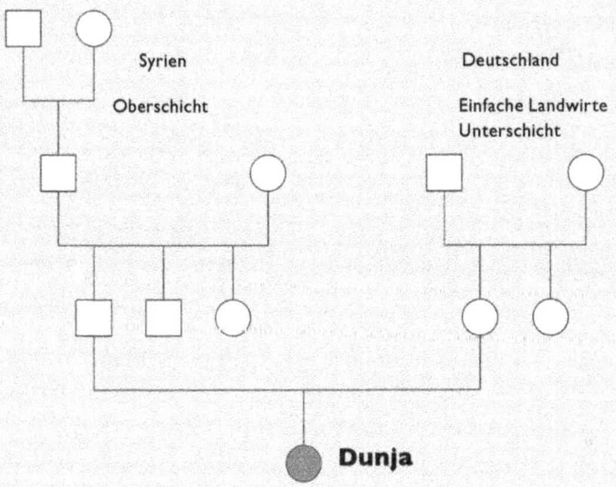

Dunjas Eltern haben sich im Krankenhaus kennengelernt. Der Vater, ein junger Chirurg, war zusammen mit seinem Bruder von der Familie zum Studieren und Arbeiten nach Deutschland geschickt worden, an der TU München studierte der eine Bruder Ingenieurswesen und Dunjas Vater, Samir, studierte Medizin. Im Krankenhaus lernte er bei der Arbeit eine der Krankenschwestern seiner Station kennen und lieben. Jutta und Samir verliebten sich und waren sehr glücklich. Bald darauf war Baby Dunja unterwegs, die heute die einzige Tochter des Paars ist.

Um zu sehen, welche Einflüsse aufeinandertreffen, ist die Großelterngeneration hier an dieser Stelle wichtig. Dunjas Großeltern väterlicherseits gehören zu einer sehr reichen syrischen Familie, der Großvater, mittlerweile verstorben, trieb sehr erfolgreich Handel, hatte ein großes Geschäft, schon auf der Ebene der Urgroßväter waren Handelsgeschick und Reichtum wichtige Merkmale der Familie. Wie viele vielversprechende Männer aus wohlhabenden arabischen oder auch persischen Familien wurden also auch in dieser Familie die Söhne nach Europa geschickt, um dort an einer angesehenen

Universität, in diesem Fall München, zu studieren. In der Familie, das sei hier bereits erwähnt, erwartete man von ihm, dass er in die Heimat zurückkehrt, dort als Arzt arbeitet und als ältester Sohn selbstverständlich in absehbarer Zeit die Rolle des Sippenchefs übernimmt. Dass sich der Sohn in Deutschland verliebt, fest bindet und sogar heiratet, war von der Familie keinesfalls eingeplant und ist auch überhaupt nicht gewollt. Aus Sicht von Samirs Eltern ist die deutsche Schwiegertochter nicht nur von der Nationalität und der Kultur her komplett unpassend, sondern würde auch, was ihren Status und ihre Herkunft betrifft, überhaupt nicht in die angesehene, schwerreiche Familie passen.

Jutta, Samirs Liebste, kommt nämlich von einem kleinen, kargen Bauernhof in der Pfalz, ihre Eltern waren Landwirte, die Großeltern auch schon. Juttas Vater ist früh gestorben, so dass Mutter und Tochter sowie eine weitere Tochter, Juttas Schwester, mit dem kleinen Hof alleine standen. Jutta und ihre Schwester haben den Hof sehr schnell nach dem Tod des Vaters verkauft – dieses Geld ermöglicht der Mutter, die an einer chronischen Krankheit leidet, ein gutes Leben. In der Zeit, als Dunja zu mir in die Beratung kam, lebt Dunjas Großmutter immer noch in einem guten Altenstift in der Nähe von Alzey.

Dunjas Mutter Jutta wollte früh der Enge des Landlebens entfliehen, ging nach München, wo sie die Ausbildung zur Krankenschwester machte. Sie ist eine Person, die zwar sehr gut in ihrem Fach ist, aber letztlich voller Selbstzweifel. Ihr »arabischer Prinz«, wie sie Samir manchmal im Spaß nannte, dient zu dieser Zeit auch dazu, ihr Sicherheit und Selbstwertgefühl zu geben. Als sie schwanger wird, freut sie sich. Aber auch ihre Mutter ist mit der Heirat sogar auf der bewussten Ebene nicht einverstanden. Sie ist latent fremdenfeindlich und fragt die Tochter allen Ernstes, ob das sein müsse, dass sie sich mit einem Ausländer zusammentue. Jutta streitet über diesen Punkt mit ihrer Mutter, das Verhältnis bleibt über viele Jahre angespannt und distanziert. Auch das Verhältnis von Dunja zu ihrer Großmutter ist eher angespannt.

Das Paar Samir und Jutta wohnt mehrere Jahre zusammen in München in einer Wohnung. Doch die beiden streiten viel, es geht dabei um die Frage, ob eine Frau wie Jutta weiter arbeiten soll, obwohl ein Kind da ist, es geht um die Enge der Wohnung. Der Streit zwischen den beiden wird immer heftiger und stellt sich schließlich als unüberwindbar heraus. Als Dunja vier ist, trennen sich die Eltern. Rückblickend betrachtet war einer der Haupttrennungsgründe wohl tatsächlich, dass Samir die Familie mit nach Damaskus nehmen wollte – Dunjas Mutter sich aber weigerte »die westliche Welt«, wie sie es damals sagte, zu verlassen. In ihr waberte die Angst, in der arabischen Welt nicht arbeiten zu können oder unfrei zu sein. Ob das wirklich so geworden wäre, kann man nicht sagen, sicher ist, dass sie sich sehr hätte umstellen müssen, um in der syrischen Oberschicht leben zu können.

Ich beschreibe die Situation von Dunjas Eltern deshalb so genau, weil sich schon auf der vordergründigen und komplett bewussten Ebene zeigt, dass das Paar, obwohl es sich liebt, große Probleme damit hat, die Loyalitätskonflikte mit der eigenen Herkunftsfamilie und der neuen Familie in den Griff zu bekommen. Die Unterschiede und auch die Interessen scheinen unüberwindbar.

Auf einer unbewussten Ebene, mit einem Blick ins Genogramm von Dunja und ihren beiden Familienanteilen, kann man davon ausgehen, dass die beiden nun zusammengeführten Sippen durch diese Heirat in immensen Stress und auch in Wut geraten. Samir will ein »guter ältester Sohn« sein, seine Aufgabe ist es, zurückzukehren und die Familie in Syrien zu versorgen und irgendwann der Sippenchef zu sein. In der Sippe von Jutta wirkt der verkaufte Bauernhof – äußerlich eine logische Entscheidung – innerlich wie eine Art Verrat an der beruflichen und kulturellen Verortung der eigenen Sippe im ländlichen Milieu und im Berufstand der Landwirtschaft. Jutta steht schon deshalb unbewusst in einem Stress. Dieser nimmt mit der Heirat noch zu.

Kommen wir nun endlich zur Klientin Dunja selbst. Sie ist, wie es sehr oft in solchen Dynamiken geht, diejenige, die den Loyalitätskonflikt zwischen den Sippen besonders stark zu spüren bekommt. Ihr Vater Samir hat schließlich die Familie verlassen und ist nach Syrien zurückgekehrt, ihre Mutter lebt heute allein in einer Kleinstadt nahe München, arbeitet wieder als Krankenschwester und ist mittlerweile Stationsleiterin. Dunja selbst hat nun beide Teile, beide Kulturen in sich, beide Seiten bereichern sie, beide Seiten »zerren« an ihr. Der Vater, zu dem sie heute nicht mehr viel Kontakt hat, hat darauf bestanden, dass seine Tochter studiert, und hat das Geld dafür bereitgestellt. Die Mutter ist froh darüber, von ihrem Gehalt hätte sie der Tochter nur schwerlich ein kostspieliges Studium bezahlen können.

Warum aber kommt es nun dazu, dass Dunja so unglaublich unter Versagens- und Prüfungsängsten leidet und den Abschluss des Studiums scheinbar unbewusst hinauszögert? Bei der Arbeit mit dem Genogramm wird Dunja die Zerrissenheit zwischen den Sippen und Kulturen sehr schnell deutlich. Es gibt zwar sehr viele Bereiche, in der diese ambivalenten Einflüsse wirken – in Bezug auf das Studium scheint der Widerspruch allerdings besonders stark zu sein. Wenn sie die ehrgeizige und gut situierte Sippe des Vaters betrachtet, wo beinahe alle, die die Möglichkeit dazu haben, studieren, muss sie ebenfalls studieren. Andererseits verrät sie quasi mit einem Studium all die weiblichen Vorfahren und Sippenmitglieder aus der väterlichen Familie, die als Frauen vor allem einen Platz in der Küche oder in den Salons der Familie haben, aber selbst meist keine Berufsausbildung gemacht haben. Und auch wenn die Cousinen von Dunja in Syrien zum Teil Ausbildungen machen und ein eigenständiges Leben führen, meist hören sie nach einigen Jahren doch auf zu arbeiten, werden »gut verheiratet« und sind danach wie die Frauen der vorhergehenden Generationen für Hauswirtschaft und Familie zuständig. Auf der anderen Seite darf Dunja auch von der Sippe ihrer Mutter aus auf gar keinen Fall studieren, denn dort gibt es niemanden, der studiert hat. In Dunja gibt es also ein unbewusstes Verbot, ein Studium abzuschließen – wenn sie mit ihren weiblichen Vorfahren solidarisch ist und auch die Kultur ihrer syrischen Vorfahren generell respektiert und solidarisiert.

Ein weiteres Spannungsfeld, über das wir im Laufe der insgesamt drei Sitzungen sprechen, die ich mit Dunja gemacht habe, ist die Tatsache, dass das Geld für das Studium vom Vater kommt, also im Grunde aus dem Teil der Sippe, deren Lebensstil und Kultur Dunja in ihrem Alltag nicht pflegt. Sie trägt heute den deutschen Nachnamen ihrer Mutter, lebt in Deutschland, ist eher christlich als muslimisch orientiert, hat einen deutschen Freund, mit dem sie, ohne zu heiraten, zusammenlebt, hat vorher auch einige andere Männer gehabt, kleidet sich westlich und hat sich mit der Kultur ihres Vaters bis auf wenige Besuche in seinem Land nicht beschäftigt. Dunja fühlt sich zumindest auf einer vordergründigen Ebene komplett als Deutsche.

Mit dieser Haltung, die für Dunja auf einer bewussten Ebene passend und richtig ist, verrät sie quasi auf einer unbewussten Ebene ihre arabischen, syrischen Wurzeln und hat deshalb ein riesiges Schuldgefühl. Gleichzeitig nimmt sie aber das Geld der Familie an, der gegenüber sie sich quasi nicht solidarisch zeigt. Ich erkläre Dunja erst einmal ganz allgemein, dass solche Widersprüche oft immense Schuldgefühle auslösen und dass diese wiederum häufig eine Tendenz zur Selbstsabotage in wichtigen Angelegenheiten mit sich bringen. Dieser Aspekt ist es, der Dunja besonders einleuchtet – sie kann das Ganze zwar nicht komplett bewusst greifen, bestätigt aber das Gefühl »von Zerrissenheit, die den Kopf wirr macht« und von einem »unguten Gefühl, im Hörsaal gar nicht sitzen zu dürfen«. All diese Empfindungen brächten sie dann immer so durcheinander, dass sie im Unialltag und erst recht in der Prüfung nicht mehr denken könne.

Wir formulieren nach diesen eher analytischen Sitzungen zwei Erkenntnissätze für Dunja:

> **Ich darf mein Studium erfolgreich abschließen und bin trotzdem Teil meiner arabischen und meiner deutschen Familie.**
>
> **Ich darf das Geld meiner syrischen Familie dazu verwenden, meine eigene gute Karriere aufzubauen und mein Studium zu beenden.**

Dunja erkennt im Laufe der Arbeit mit mir immer deutlicher, dass sie sich – auch durch ihre Herkunft – in ihrem Leben gerade sehr zerrissen fühlt. In unseren Gesprächen sage ich ihr auch an einer Stelle, dass ich es für eine gewisse Art von Depression halte, wenn man etwas unbedingt tun will, etwa ein Studium beenden, durch bestimmte Kräfte im eigenen System aber davon abgehalten wird. Ich habe es immer wieder erlebt, dass solche Ambivalenzen, Blockaden und Pattsituationen zumindest langfristig zu einer depressiven Gestimmtheit führten. Auch aufgrund dieser Gespräche beginnt Dunja bald nach den Beratungsterminen sich mit ihrer Herkunft und ihrer Zerrissenheit zu beschäftigen. Bald darauf vertieft sie auch den Kontakt zu der Familie ihres Vaters wieder stärker, fährt wieder häufiger nach Syrien. Ihr Studium beendet sie bald nach unserer Zusammenarbeit erfolgreich – Panik und Prüfungsangst sind nicht mehr aufgetreten.

Am Beispiel von Dunja und dem Genogramm, das hier vorgestellt wurde, könnte man noch einige weitere Probleme und Blockaden erklären und bearbeiten. Ein paarmal sprechen wir in den Sitzungen etwa auch über die Gefühlsschwankungen und die Wut, die Dunja oft erfassen. Ich bin der Meinung, dass auch diese emotionale Unruhe wenigstens zum Teil ein Zeichen für die Zerrissenheit zwischen den Kulturen ist.

Vielleicht noch eine allgemeine Anmerkung: Bei dem Thema binationale und bikulturelle Familien und Beziehungen verfällt man leicht in Klischees. Ich möchte es deshalb an dieser Stelle bei diesem kurzen schlaglichtartigen Beispiel belassen. Allen Menschen, die von diesem Thema angesprochen sind, rate ich, sich erst mal die eigene Situation ganz konkret anzuschauen, also sich zu fragen: Welche verschiedenen Einflüsse wirken in unserem Familiensystem? Welche Einflüsse kommen aus den unterschiedlichen Kulturen, den unterschiedlichen Sippen? Allgemeine Beschreibungen wie »afrikanische Frauen sind eher lebhaft« oder »Menschen aus den USA haben alle diesen Pioniergeist in sich« finde ich an einigen Stellen – auch wenn sie eben stereotyp sind – auch mal hilfreich. Tun Sie sich aber selbst den Gefallen und starten Sie die Spurensuche in Ihrer eigenen (binationalen) Familie nicht mit solchen Klischees, das vernebelt einem den Blick. Arbeiten zu binationalen Ehen, Familien, Einflüssen mache ich deshalb immer am liebsten so konkret wie möglich am jeweiligen Einzelfall.

Nur um es noch mal anzudeuten: Wenn man sich vorstellt, dass – wann immer Menschen aus zwei Nationen heiraten – auch immer wenigstens zum Teil die Länder, die Kulturen, die Regeln der jeweiligen Sippen mit am Tisch sitzen, mit im Bett liegen, mit in Streiten und freudigen Situationen mitmischen, dann kann man sich vorstellen, dass es für binationale Ehen zum Teil oft schwierige Konstellationen geben kann. Wenn nicht nur Unterschiede und Ressentiments zwischen den Nationen bestehen, sondern auch früher Kriege und Feindschaften zwischen Ländern stattgefunden haben, werden neue Lieben besonders belastet und sind anfällig für Streit und Konflikte. Ein gutes Beispiel aus der jüngeren Vergangenheit sind etwa die Ehen zwischen amerikanischen GIs und deutschen Frauen nach dem Zweiten Weltkrieg. Auch wenn diese Verbindungen möglicherweise auf einer bewussten Ebene von den Eltern und Großeltern der amerikanischen Sippe akzeptiert wurden – auf einer tiefen unbewussten Ebene gibt es mit großer Sicherheit eine Ablehnung einer solchen deutschen Schwiegertochter, die ja den Feind symbolisiert. Hass und tiefe Schuldgefühle wirken auf solche Verbindungen, die nicht selten zum Scheitern verurteilt sind. Die deutschen Frauen, die sich mit amerikanischen Soldaten zusammentaten, wurden von den eigenen Landsleuten und in den Kasernen als »Fräuleins« bezeichnet, manchmal auch als »Ami-Flittchen«. Nach Meinung der Mitbürger schmissen sie sich auf eine billige Weise den Amerikanern »an den Hals«. Auch wenn dieses Beispiel historisch ist, so zeigt es doch sehr gut, welche Vorurteile und Hassgefühle auf beiden Seiten herrschen. Immer wenn ein Konflikt noch sehr frisch ist, leuchtet uns sofort ein, dass Spannungen, Ressentiments und Ambivalenzen Beziehungen prägen. Wenn man sich dann vor Augen hält, dass historische Ereignisse wie das Ende des Zweiten Weltkriegs noch keine hundert Jahre her sind, also diese Einflüsse gerade mal drei Generationen »alt« sind, kann man sich eher vorstellen, dass diese und ähnliche Gefühle ganzer Nationen bis heute wirken, auch wenn wir letztlich gar nicht mehr darüber nachdenken. (Mehr dazu erfahren Sie im Kapitel über den Krieg ab Seite 119.)

Faustregeln

- Wenn sich zwei Partner aus verschiedenen Nationen verlieben und Kinder bekommen, sind immer beide Länder und Kulturen »mit am Tisch«.
- Kinder von binationalen Paaren haben oft große Loyalitätskonflikte, weil sie nicht wissen, für welche Kultur sie sich entscheiden sollen beziehungsweise wie sie beide vereinen können.
- Wenn in einem Herkunftsland des Vaters, der Mutter oder der Großeltern die Frauen kein Recht zu studieren haben oder sich nicht frei bewegen können, dann gilt dieses Verbot unbewusst oft auch für Kinder und Enkelkinder – egal, in welcher Kultur sie aufwachsen.

ÜBUNG
Kulturen, Nationalitäten, Mentalitäten in der eigenen Familie

In dieser kleinen abschließenden Reflexionsübung geht es noch mal darum, frei nach dem Motto »Alle Menschen sind Ausländer – fast überall«, dass Sie für sich selbst aufspüren können, wo in Ihrer Familie gegensätzliche Kulturen aufeinandertreffen, wo Einflüsse aus verschiedenen Landstrichen Deutschlands aufeinandertreffen und wo in der eigenen Familie Menschen – über Generationen gesehen – aus unterschiedlichen Ländern und Kulturen kommen und kamen.
Reflektieren Sie dies anhand folgender Fragen und schreiben Sie auf:

- Welche unterschiedlichen Regionen Deutschlands kommen in Ihrer Familie zusammen?
- Welche unterschiedlichen Einstellungen resultieren daraus?

Welche Bräuche? Welche Streitpunkte? (etwa »kühle Norddeutsche« gegen »hedonistische Süddeutsche«)

- Welche unterschiedlichen Konfessionen gibt es? Wie beeinflusst das die Themen in der Familie? Und: Nach welcher Konfession richtet man sich, nach der der väterlichen Linie oder der der mütterlichen Linie?
- Welche Urgroßeltern, Großeltern, Eltern kamen aus welchen Ländern in Europa oder außerhalb Europas? Wer wurde vertrieben, flüchtete nach Deutschland oder flüchtete vor Deutschland?
- Was für Eindrücke haben Sie von den Landstrichen, Ländern, Kulturen, mit denen Ihre Sippe zu tun hat? Wenn Sie nie dort waren, spinnen Sie einfach ein bisschen herum…
- Was haben unterschiedliche regionale und nationale Einflüsse für eine Bedeutung in Ihrer Familie? Welche Missverständnisse gibt es immer wieder? Wer übernimmt welchen Part?

Haben Sie alle Fragen beantwortet? Schauen Sie, wo Sie eine neue Erkenntnis gewonnen haben und schreiben Sie diese auf…

4. Kapitel: Der Krieg steckt uns noch in den Knochen – oder wie Schuld und Traumata aus früheren Generationen unser Leben beeinflussen

Vor Kurzem haben wir uns mal wieder daran erinnert: Das Ende des Zweiten Weltkriegs ist nun siebzig Jahre her – und dennoch sind die Kriegsgeschehnisse nach wie vor präsent in unserem Leben. Nicht nur, weil immer wieder Jahrestage wie die Machtübernahme durch die Nazis, die Pogromnächte oder die Befreiung von Auschwitz zum Anlass werden, um mit Artikeln, Ausstellungen und Fernsehbeiträgen daran zu erinnern. Auch in vielen Familien ist der Krieg durchaus noch Thema. Sei es, dass die älteste Generation in der Familie als Kinder selbst noch die Kriegszeiten erlebt hat. Sei es, dass viele Menschen als Kinder von Eltern aufwuchsen, die stark von den Kriegserlebnissen geprägt und oft auch traumatisiert waren. Dass etwa die Generation, die den Krieg miterlebt hat, oft sehr streng und sparsam war und in der Möglichkeit, Gefühle zu zeigen und zuzulassen, extrem eingeschränkt, gilt heute schon beinahe als Allgemeinplatz.

Auch wenn wir so etwas dahinsagen, ist uns dabei häufig nicht klar, wie tief all die traumatischen Erlebnisse das Leben der Kriegsgeneration geprägt haben – und wie stark diese Prägungen über die Bindung an unsere Sippe auch unser Leben beeinflussen. Meist kennt man allenfalls die Geschichten und denkt sich: Das Leben meiner Eltern war nicht einfach, zwischen Bombennacht und Hunger. Vielleicht kommt daher ihr Hang zur Sparsamkeit und zu Hamsterkäufen. Oder: Mein Onkel war vielleicht ein Nazi – kein Wunder, dass man in unserer Familie nicht gern über die Vergangenheit spricht. Doch meist bleibt es bei solchen flüchtigen Gedanken. Die Kriegsgeneration wollte über ihre Erlebnisse oft noch gar nicht sprechen und auch die heute 70-Jährigen und Älteren, die ja zu Kriegszeiten Kinder waren, halten sich zurück. Fragt man nach, dann berichten viele ältere Verwandte davon, dass sie nur wenig Konkretes aus dieser Zeit erinnern. Manche sagen auch: Darüber wurde doch nun schon genug gesprochen. Und die jüngere Generation nimmt es hin, respektiert die Erinnerungslücken und das Schweigen. Oder hat das Gefühl, zumindest halbwegs zu wissen, wem damals Leid widerfahren ist und wer eher auf der Seite der Schuldigen stand. Die Journalistin Sabine Bode, die sich seit Jahren mit dem Thema der transgenerationalen Auswirkungen der Weltkriege auf unser Leben beschäftigt, ist sich sicher, dass der Krieg uns bis heute in den Knochen steckt. Und zwar auch, weil wir so gut wie gar nicht getrauert haben, die Zeit gar nicht verarbeitet haben. Sie formuliert in ihrem empfehlenswerten Buch »Die deutsche Krankheit – German Angst«: »Um die Kriegsschrecken und vor allem auch die Schuld und Scham angesichts der Verbrechen im deutschen Namen zu verarbeiten, wäre eine Phase der kollektiven Trauer hilfreich gewesen. Aber dafür war keine Zeit. Im Krieg nicht. Und als das Wirtschaftswunder kam, erst recht nicht.«[35] Und heute irgendwie auch nicht, möchte man hinzufügen.

Viele Jahrzehnte wurden also auf diese Weise die tiefsitzenden Kriegstraumata und ihre Folgen verschwiegen und kleingeredet. Besonders auffällig ist dabei, dass eine große Ignoranz gegenüber den psychologischen Folgen des Krieges über die Generationen hinweg vorherrscht. Diese steht übrigens im krassen Gegensatz zum politischen Gedächtnis über die Zeit. Denn blickt man in die Politik, dann käme heute kein Mensch in Deutschland darauf, zu sagen: »Jetzt ist aber mal genug über das Erbe des Krieges geredet worden.« Jede Politikerin und jeder Politiker in Deutschland trifft seine Entscheidungen immer wieder auch vor dem Hintergrund der Kriegsgeschehnisse und der besonderen Rolle Deutschlands in dieser Zeit, beispielsweise, wenn es um die Frage geht, ob Deutschland Soldaten in Krisengebiete entsendet. Der Schatten der Nazizeit reicht ganz selbstverständlich in die moderne Politik hinein. Und es ist absurd anzunehmen, dass dies auf psychologischer Ebene anders sei.

Die ängstlichen Deutschen

Es ist tatsächlich einigen neugierigen Menschen wie der Journalistin Sabine Bode zu verdanken, dass es mittlerweile auch in der breiten Öffentlichkeit ein gewisses Bewusstsein darüber gibt, dass die Schrecken des Krieges uns und unsere Kinder und wahrscheinlich auch noch unsere Enkelkinder zumindest unbewusst mit prägen. Sabine Bode ist dabei in ihrer Arbeit sehr bodenständig, sie fragte so lange bei Experten und ganz normalen Menschen nach, bis sie Personen fand, die zu sprechen wagten. Nach und nach und mit viel Geduld erfuhr Bode in ihren ausführlichen Gesprächen, wie sehr die meist schrecklichen Erlebnisse der Kriegszeiten das Denken, Fühlen und Handeln der meisten Deutschen bis heute prägen. Bodes Bücher »Die vergessene Generation: Kriegskinder brechen ihr Schweigen«

und »Kriegsenkel: Die Erben der vergessenen Generation« wurden zu Bestsellern. Und das, obwohl Sabine Bode sich von Fachleuten immer wieder sagen lassen musste, dass sie sich da in eine Idee verrannt habe. Dass es da nichts zu fragen, nichts mehr zu sagen gäbe. Dass doch die Deutschen genug über den Krieg und seine Folgen diskutiert und alles aufgearbeitet hätten und dass die tiefen psychischen Folgen für jeden Einzelnen doch mittlerweile gering seien. Der Erfolg ihrer Bücher zeigt das Gegenteil: Die Kriegsschrecken sitzen uns allen so tief im Gemüt, dass sie unser ganzes Leben beeinflussen. Und diese Traumata werden tatsächlich in den Familien weitergegeben, in die nächste Generation vererbt. Oft in einer bereits veränderten und abgeschwächten Form, etwa als Schuldgefühle und Ängste, für die Betroffene meist keine konkrete Ursache mehr ausmachen können. Sabine Bode formuliert es so: »Gedächtnisverlust ist ein Schutzmechanismus, der hilft zu überleben. Das Trauma aber bleibt im Unbewussten, auch dann, wenn die Zeiten sich normalisiert haben. Aber je älter diese Menschen werden, desto mehr will das Verdrängte an die Oberfläche, und es erfordert immer höheren Kraftaufwand, um dies zu unterdrücken. Solche Menschen sind sich des inneren Kampfes nicht bewusst.«[36]

Sabine Bode schildert in ihrem Buch »Die Deutsche Krankheit – German Angst« an sehr eindrucksvollen Beispielen, wie sich die Kriegserlebnisse transformieren und in der nächsten Generation weiterwirken, indem sie als diffuse Ängste das Leben der Menschen bestimmen. Eine Interviewpartnerin erzählt: Als vierjähriges Mädchen erlebte sie 1940 die ersten Bombenangriffe auf ihre Stadt, und weil der Ort ein wichtiger Kriegshafen war, fand ihr Leben zum Kriegsende komplett zwischen Wohnung und Luftschutzbunker statt. Ständig war sie in Todesangst und in tödlicher Gefahr. Dann war der Krieg aus. Eigentlich ein Grund zur Freude. Doch das Mädchen war es derart gewohnt, sich in den engen Grenzen existenzieller Not zu bewegen, dass es mit panischer Angst auf die neue Freiheit reagierte. »So wie ich vorher so viel Todesangst gehabt habe, so hatte ich in diesem Moment eine schreckliche Lebensangst vor der Zukunft«, erinnert sich die Frau im Interview mit Bode. Natürlich lernte die Frau mit den Jahren, ihre Ängste und Befürchtungen zu bekämpfen.[37] Sie wurde älter und erwachsen und suchte sich einen Beruf. Allerdings blieb ihr großer Wunsch nach einem sicheren, einem soliden Beruf. Nur nicht mehr Unsicherheiten als nötig – das wurde zu ihrer Lebensdevise. Sie wurde daher Beamtin. Doch immer wieder überfielen sie Angstgefühle wie aus dem Nichts. Ihr Arzt diagnostizierte eine Anfälligkeit für Depressionen. Aber niemand brachte ihre Gefühle und ihre Angstanfälle mit den Erlebnissen in ihrer frühen Kindheit in Zusammenhang.

Was Sabine Bode hier am Beispiel erklärt, kann ich vollständig unterschreiben. Und ich würde sogar noch einen Schritt weitergehen. Nicht nur bei den Kriegskindern, sondern auch bei Kriegsenkeln und Kriegsurenkeln finden sich sehr häufig diffuse Ängste und Panikattacken, die letztlich nach wie vor mit Traumata ihrer Vorfahren aus dem Krieg zusammenhängen. Wie die Prägung belastender Erlebnisse weitervererbt wird, weiß man noch nicht ganz genau. Der noch neue Forschungszweig der Epigenetik gibt aber ein paar Erklärungsansätze. Forscher haben in Studien mit Traumatisierten nämlich zeigen können, dass die belastenden Erfahrungen das Genom der Betroffenen verändern – und zwar nicht die Gene selbst, aber die Aktivität der Gene –, und auf diesem Weg können Belastungen und Traumata rein biologisch auch an die nächste Generation weitervererbt werden.[38] Kurz gesagt: Erlebnisse, die Menschen während ihres Lebens haben, haben körperliche Auswirkung bis hin zur genetischen Ebene. Sowohl stärkende als auch belastende Erfahrungen schlagen sich nieder.

Wenn ich mit Klienten Genogrammarbeit mache und gucke, welche bindenden Einflüsse aus der Sippe vorliegen, dann kann man oft ebenfalls sehr klare Auswirkungen von Verlust, Tod und Trauma bis in die Jetztzeit sehen und ausmachen. Denn so ist das in der Sippe: Wir versichern uns, dass wir zur Gemeinschaft dazugehören, indem wir die Dinge und das Leben wiederholen, das unsere Vorfahren gelebt haben. Für uns Deutsche, die wir einer Generation von Menschen entstammen, die kurz hintereinander zwei Weltkriege erlebt haben, bedeutet das in der Konsequenz, dass wir in unserem Inneren häufig nach wie vor auf »Krieg« gepolt sind, denn nur so können wir uns zu unseren Vorfahren solidarisch zeigen. Und das sind wir mit allem, was dazugehört: mit Ängsten, extremer Vorsicht und Sparsamkeit, einem ausgeprägten Blick für Gefahren und auch einem gewissen Misstrauen allem Fremden gegenüber. Auch die Unfähigkeit zu trauern, die Skepsis all jenen Menschen gegenüber, die sorglos oder glücklich sind und das Leben genießen, gehören zu diesem Erbe. Diese Eigenheit der Deutschen ist sogar so augenfällig und beinahe klischeemäßig ausgeprägt, dass amerikanische Publizisten sie bereits in den 1980er-Jahren als die typische »German Angst« benannten. »Die Amerikaner bezeichneten damit den Hang der Deutschen, sich tausend Gedanken zu machen, anstatt angemessen auf die Realität zu reagieren und zu handeln«, erklärt Sabine Bode in ihrem Buch »German Angst«.

Den ausgeprägten Hang zu Sorgen, Grübeln und Angst gibt es also wirklich – und er geht unter anderem auf unsere Rolle und unsere Erlebnisse im Krieg zurück.

In meiner Praxis treffe ich jedenfalls häufig auf Menschen, die so sehr unter den Folgen der Kriegserfahrungen ihrer Sippe leiden, dass sie meinen Rat suchen. Es geht dabei um verschiedene Fragestellungen. So werden, ganz allgemein gesagt, in Familien oft nicht nur Werte oder Geschichten weitergereicht, sondern auch die Schuld, die so mancher im Krieg auf sich geladen hat. Auch Erlebnisse einer Vertreibung oder die Erfahrung eines Verlustes von Haus, Besitz und Hof werden weiter»vererbt« und prägen das Lebensgefühl der späteren Generationen. Häufig sind solche Einflüsse eine sehr große Blockade im Leben der Menschen der späteren Generationen. Deshalb ist es natürlich doppelt bedenklich, dass gerade das Erbe aus Kriegszeiten oft verschleiert wird und unter der Decke des Tabus verschwindet. Denn unbewusst wirken all diese Einflüsse umso stärker weiter.

FALL I: Die Schuld des Großvaters wiedergutmachen

In dem Zusammenhang fällt mir sofort Stephan ein, ein alleinstehender, 50 Jahre alter Historiker. Es gab für ihn nie eine andere Idee für den eigenen Berufsweg, als Geschichte zu studieren. Nach dem erfolgreichen Abschluss arbeitet er in einem Archiv zur Aufbereitung des Naziterrors. Die Frage, was die Menschen im Dritten Reich dazu brachte, andere Menschen zu verfolgen und zu ermorden, hat ihn schon in der Schulzeit interessiert. Damals hatte Stephan erfahren, dass sein Großvater im Krieg auf Naziseite war. In der Familie wurden nie viele Details dazu erzählt, eher galt der Opa als der »schweigsame Schreiner«. Aber Stephan war genau wegen dieser Geheimniskrämerei schnell klar, dass sein Opa vermutlich tatsächlich ein Faschist war. Mit seinem Vater Karl gab es deshalb häufiger zähe Gespräche. Karl verteidigte seinen Vater, Stephans Großvater, der noch in den letzten Kriegstagen gefallen war. Stephans Vater Karl war ein Baby aus dem letzten Fronturlaub, ein Nachzügler, einige Jahre jünger als seine Geschwister und anders als diese eben komplett ohne Vater aufgewachsen.

Als Jugendlicher fing Stephan vehementer an, seinen Vater nach der Rolle des Großvaters im Krieg zu fragen. Doch dieser wiegelte immer wieder ab. Er habe seinen Vater ja selbst nie kennengelernt, sei ein Kind der Nachkriegsgeneration. Und überhaupt. Die Großmutter sei eine sehr liebevolle und soziale Person gewesen. Und sie habe nur gut über den Großvater gesprochen. Doch die ausweichenden Worte stachelten sein Interesse nur noch mehr an. Und eines Tages fand er in einer Schublade eines Nachtkästchens, das auf dem Speicher stand, einen Orden. Die Suche im Internet gab ihm Gewissheit: Es war eine Auszeichnung der Waffen-SS.

In der Schule wurde Geschichte sein Lieblingsfach und die Nazizeit sein liebstes Interessensgebiet. Er schrieb Referate über die Frage, was die Nazis zu ihren Gräueltaten antrieb. Er besuchte jedes Konzentrationslager in der Umgebung. Seinen Wunsch, sich über die Kriegsverbrechen zu informieren, empfand er als notwendigen Schritt, um solche Gräueltaten für immer zu verhindern. Er verstand nicht, warum viele seiner Mitschüler das Thema eher langweilig fanden. Als sich die Gelegenheit ergab, ging er als Austauschschüler nach Israel. Später studierte er Geschichte mit Schwerpunkt Zweiter Weltkrieg und Judenverfolgung und fand eine gut bezahlte Stelle in dem Archiv. Er macht seine Arbeit gerne und findet sie nach wie vor extrem wichtig. Doch es belastet ihn zunehmend, dass er sieht, dass die Resonanz auf das Thema von Jahr zu Jahr sinkt. Die Schüler der Schulklassen, die er durch das Archiv führt, hören manchmal gar nicht richtig hin und im nächsten Jahr sollen auch die Gelder für die Arbeit gekürzt werden. Er bemerkt selbst, dass sein Blick auf die Welt immer düsterer wird. Wenn er in der Zeitung liest, dass sich die Jugend nicht mehr für Politik interessiert, dann macht ihm das Sorgen. Denn wie soll man sich politischer Manipulation erwehren, wenn man keine Ahnung hat.

Manchmal denkt er kurz darüber nach, ob seine Arbeit seinen Blick auf die Welt zu sehr negativ beeinflusst und er sich außerdem so sehr auf sein Thema fixiert, dass er gar nichts anderes und auch nichts Schönes im Leben erleben kann. Seine Arbeit verfolgt ihn jedenfalls bis in seine Träume. Aber er kann sich auch nicht vorstellen, seinen Job im Archiv aufzugeben, sich in einer anderen Museumssparte zu bewerben. Das käme ihm vor wie ein Verrat. Er möchte sich nicht auch aus der Verantwortung stehlen – so wie es sein Vater getan hat.

Erst als Stephan Bücher über die transgenerationale Vererbung von Traumata und die Leiden der dritten Generation nach dem Krieg liest, bemerkt er das erste Mal sehr viele Parallelen zu seinem eigenen Leben. In dem Zusammenhang hört er einen Vortrag von mir, zu dem ihn eine Bekannte mitgenommen hat. Er kommt zu mir in die Praxis. Bereits in der ersten Stunde wird ihm klar: Seine Familienkonstellation ist so, dass er im System alle Schuld auf sich genommen hat, die sich seine Familie durch den Nazi-Großvater aufgeladen hat.

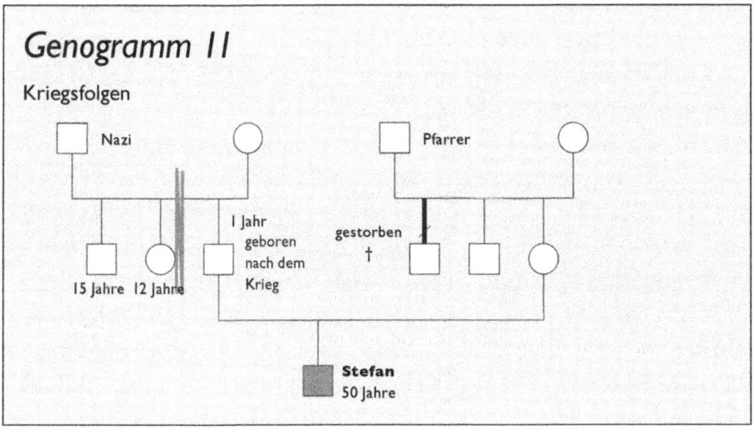

Zur Erläuterung: Stephans Vater stammt generell aus einer Familie, die in Kriegszeiten die Meinungen Hitlers teilte und sich vom Sieg im Krieg ein besseres Leben versprach. Der Großvater war, wie schon gesagt, bei der SS. Die Mutter war Hausfrau, aber teilte die Ansichten ihres Mannes. Stephans Vater Karl wurde erst in den letzten Kriegstagen geboren. Die Geschwister sind bedeutend älter als er. Bei seiner Geburt waren sie bereits 12 und 15 Jahre alt. Alle haben den Krieg überlebt. Im Grunde ist die väterliche Seite also eine Täterseite.

Auf der mütterlichen Seite sieht es ganz anders aus. Stephans Mutter Gertrud ist das jüngste Kind ihrer Eltern. Von ihren zwei älteren Brüdern ist der älteste in den letzten Kriegstagen als Flakhelfer umgekommen. Der Großvater war Pfarrer, die Mutter Hausfrau. In Kriegszeiten hatten sie immer wieder Menschen auf der Flucht Unterkunft gewährt – im Wissen, dass es für sie selbst üble Folgen haben würde, wenn dies entdeckt würde. Die Familie hat also Opfer zu verzeichnen und sie hat sich eher gegen den Naziterror gestellt. Man sieht also bereits hier: Auf der Ebene der Großeltern prallen Gegensätze aufeinander. Doch im Alltag seiner Eltern und seiner Kindheit spielte diese Vergangenheit vordergründig keine Rolle.

Das hat mit Stephans Vater Karl zu tun. Dieser hatte sich ja dafür entschieden, die Nazivergangenheit seines Vaters zu ignorieren, sich selbst damit nicht zu beschäftigen. Er wurde Schreinermeister und hielt sich aus Politik und Statements gerne raus. Auf der Ebene des Genogramms kann man für das Verhalten des Vaters einen triftigen Grund finden: Weil Karl als jüngstes Kind nach dem Krieg geboren war, fiel er eigentlich aus seiner Sippe komplett raus. Er hatte die Schrecken des Krieges nicht zu durchleiden, er kannte den Nazivater nicht, er war tatsächlich ein »Nachkriegskind« und unter ganz anderen Einflüssen als seine Geschwister aufgewachsen. Er trägt deshalb unbewusst eine Art schlechtes Gewissen in sich. Im Genogramm nennen wir dieses Schuldgefühl oft »Überlebensschuld«. Stephans Vater fällt also komplett aus der Familie heraus. Um diese Schuld auszugleichen, die Nähe zur Sippe wieder herzustellen, hat er theoretisch zwei Möglichkeiten: Er versucht für die Familie die Schuld wiedergutzumachen und arbeitet die Vergangenheit auf. Oder er bleibt der Familie gewogener als alle anderen Geschwister. Karl entscheidet sich für den zweiten Weg: Er wird Schreiner, wie es sein Vater war, bevor er zu den Kriegstreibern stieß. Er wird das Lieblingskind seiner Mutter, ein Junge, der auch charakterlich dem Vater ähnelt. Auch Karl wird wie sein Vater als »schweigsamer Handwerker« wahrgenommen. Und obwohl er nicht Nazi wird wie dieser, akzeptiert er das Tun seines Vaters und solidarisiert sich damit.

So hat er seine Außenseiterposition im Genogramm sozusagen »ausgebügelt« und gehört wieder mehr dazu.

Mit umso größerer Wucht trifft die Schuldfrage eine Generation später auf Stephan. Man muss sich das so vorstellen: Wenn die erste Generation nach dem Naziregime die Schuld nicht auf sich nimmt, gehen Schuld und schlechtes Gewissen noch stärker auf die darauffolgende Generation, in diesem Fall auf Stephan, über. Dazu kommt noch, dass er keine Geschwister hat, so trifft ihn das Familienthema Nazischuld auf einer unbewussten Ebene sehr stark.

Der Konflikt wird noch dadurch verstärkt, dass Stephans Mutter Gertrud aus dieser komplett anderen Familie kommt. Die Eltern haben sich kennengelernt, weil sie in der gleichen Straße wohnten. Seine Mutter, die fünf Jahre jünger ist als sein Vater, bewunderte den wortkargen, hübschen Jungen Karl. Ihm gefiel dagegen besonders ihre freundliche und fröhliche Art. Die Heirat Karls mit der Pfarrerstochter aus einer Familie, die im Krieg menschlich handelte, könnte für Stephan ja eigentlich eine Entlastung sein. Aber da es in der darauffolgenden Generation niemanden gibt, der das ethische

Handeln aus diesem Teil der Sippe übernimmt, lastet auch das auf Stephan. Man kann also sagen, dass Stephan dadurch, dass er einerseits die Schuld seines Großvaters väterlicherseits ausgleicht, sich andererseits mit dem ethischen Programm seines Großvaters mütterlicherseits solidarisiert, die »komplette Gutmenschenpackung«, wie er es selbst im Gespräch nennt, abbekommen hat.

In der Genogrammarbeit wird Stephan immer deutlicher, dass er eine tiefe Schuld empfindet und den dringlichen Wunsch hat, einen Teil dieser Schuld wiedergutzumachen, indem er sich intensiv mit der Nazizeit und ihren Verbrechen beschäftigt.

In der Beratungssituation ist es oft erstaunlich, was den Menschen alles einfällt, wenn sie sich erst einmal auf den Gedanken einlassen, in welcher Weise die Kriegszeiten ihr Denken, Handeln und ihre Werte beeinflussen – obwohl die Geschehnisse bereits so viele Jahre zurückliegen.

Stephan fiel beispielsweise erst im Gespräch mit mir so deutlich auf, dass sein Vater häufiger sagte: »Im Krieg musste jeder nach sich selbst gucken. Da konnte man keine Rücksicht nehmen, da konnte man nicht nachfragen. Nur deshalb haben ich und meine Brüder überlebt.« In diesem Satz erkennt Stephan jetzt eine Art Schnittstelle: den Moment, in dem sein Vater immer wieder im übertragenen Sinne gesagt hat: »Mich geht das nichts an – wenn dich diese Schuld interessiert, dann beschäftige du dich damit.«

Auch die Tatsache, dass seine Arbeit ihn nicht – wie er sich erhofft hatte – glücklich und zufrieden machen würde, sondern nach einigen Jahren sogar stark belastet, erschien Stephan vor dem Hintergrund des Genogramms plötzlich schlüssig. Denn kein einzelner Mensch kann die Schuld der Ahnen wirklich befriedigend wiedergutmachen.

Ebenso wurde Stephan klar, dass er vermutlich innerlich so sehr von diesem Schuldthema besetzt ist, dass da auch kein Platz für Liebe, Beziehung und Leichtigkeit ist. Er hatte sich erst gewundert und später gegrämt, dass er nie eine passende Partnerin gefunden hatte. Jetzt sah er auch hier: Mit seiner Mission, die große Schuld des Großvaters abzuarbeiten, war in seinem Herzen gar kein Platz für andere Menschen.

All diese Erkenntnisse wühlten den 50-Jährigen sehr auf. Doch wir erarbeiteten die passenden Erkenntnissätze für ihn und lösten die Verpflichtungen des Genogramms auf energetischer Ebene. Diese waren:

Ich darf Freude am Leben haben, obwohl jemand aus meiner Familie Schuld auf sich geladen hat.

Ich darf mich um mich selbst kümmern und glücklich sein und gehöre trotzdem zu meiner Sippe.

Offensichtlich öffnete diese Arbeit in Stephan Türen, die es ihm ermöglichten, neue Wege zu gehen. Ein Jahr später bekam ich einen Brief von ihm. Er wollte mir kurz mitteilen, dass er sich nun tatsächlich beruflich verändert hatte. Nach unserer Sitzung fühlte es sich für ihn plötzlich überhaupt nicht mehr undenkbar an, das Archiv zu verlassen, vielleicht sogar den Beruf zu wechseln. Er hatte sich im Bereich didaktische Kompetenzen weitergebildet und sich in einem anderen Museum beworben, in dem er nun die Betreuung der Schulklassen zu verantworten hatte. Ein vielfältiger Job, der nur noch punktuell auch den Zweiten Weltkrieg zum Thema hatte. Er schrieb, dass er sich nach unserer Arbeit Stück für Stück von dem Druck der Sippenschuld befreien konnte. Es war ihm zwar immer noch wichtig, ein politisch aktiver Mensch zu sein, er engagierte sich in seiner Freizeit für Amnesty International und pflegte weiter seine Kontakte nach Israel. Aber der große Druck und Zwang war verschwunden.

Und: Lebensfreude hatte in sein Leben Einzug gehalten. Er konnte nun, was er vorher nie konnte: Dinge genießen. Einen schönen Abend mit Menschen verbringen, ohne fast zwanghaft politische Probleme zu diskutieren. Er hatte bereits einige nette Frauen kennengelernt und konnte sich gut vorstellen, dass er auch noch eine langfristige Partnerin finden könnte.

Faustregeln

- Wenn eine Schuld im System ist, zum Beispiel ein SS-Verbrecher in der Ahnenreihe steht, dann übernimmt eine Person aus der Sippe die Schuld und versucht diese abzuarbeiten.
- Wenn jemand nach Kriegszeiten in den Frieden hineingeboren wird, trägt er oder sie eine sogenannte Überlebensschuld. Man gehört nicht wirklich zur Sippe derer, die den Krieg erlebt haben. Häufig versucht diese Person genau deshalb, sich besonders mit der Familie zu solidarisieren.
- In den meisten deutschen Familien gab es jemanden, der Schuld auf sich geladen oder Traumatisierungen erlebt hat. Das könnte ein Grund dafür sein, dass wir Deutschen heute

als so ängstlich gelten (Stichwort »German Angst«) und als nicht besonders glücklich. Anderen Nationen, wie Schweden oder Amerikanern, die weniger Kriegstraumata in ihrer Geschichte haben, fällt es leichter, die positiven Seiten des Lebens zu zelebrieren und ganz unbekümmert dazu zu stehen, wenn es einem gut geht.

ÜBUNG
Meine Marotten und Macken – alles aus dem Krieg?

Häufig ist es für einen selbst gar nicht so offensichtlich, welche Prägungen man durch die lang zurückliegenden Kriegserlebnisse der eigenen Sippe übernommen hat. Wir sind es jedenfalls nicht unbedingt gewöhnt, uns zu überlegen, welche der Angewohnheiten, Regeln und Marotten in der Familie mit Kriegsgeschehnissen in Zusammenhang gebracht werden können.
Doch viele meiner Klienten erkennen letztlich, dass einige ihrer ganz persönlichen Eigenheiten bereits aus dem Marottenfundus der Familie und letztlich aus Kriegszeiten stammen. Dass sie diese Gewohnheiten oder Überzeugungen aus dem Gedächtnis ihrer Sippe übernommen haben.
Ich gebe Ihnen im Folgenden eine kleine Liste von typischen Eigenheiten vor, die sich aus Kriegserlebnissen voriger Generationen ableiten können. Lesen Sie die Liste einfach aufmerksam durch. Machen Sie Kreuze an den Stellen, wo Sie das Gefühl haben, dass Sie eine Marotte aus dem eigenen Leben kennen:

- Wenn es günstige Angebote im Supermarkt gibt, dann kann ich nicht anders: Ich kaufe auf Vorrat. Meist mehr, als ich eigentlich brauche.
- Ich werfe nur sehr wenige Dinge weg. Auch wenn sie etwas kaputt sind. Wer weiß, wofür man das noch gebrauchen kann.
- Der Gedanke: »Was werden wohl die Nachbarn denken?«, ist mir sehr vertraut.
- Was in der Familie passiert, bleibt in der Familie. Über einen Ehestreit oder falls wir Geldsorgen hätten – darüber würde ich mit Freunden nie sprechen.
- Für meine eigenen Kinder ist mir wichtig: Sie sollen es einmal besser haben als ich.

- Ein eigenes Haus ist für mich das wichtigste Ziel im Leben. Ein fester, sicherer Ort, der nur uns gehört.
- Ich hätte schon gerne einen kreativen Beruf ergriffen. Aber Sicherheit ist mir letztlich wichtiger. Deshalb habe ich eine Ausbildung gemacht, die in einen sicheren Beruf führt.
- Ich finde es unmöglich, wie sich manche Menschen hervortun. In der Gruppe aufzufallen, ist mir äußerst unangenehm.
- Ich werfe so gut wie nie Essen weg. Auch aus Resten kann man noch viel Leckeres kochen.
- Wenn ich sehe, dass nur noch ein Liter Milch im Kühlschrank ist, werde ich unruhig. Ich mag es nicht, wenn nicht genug Lebensmittel im Haus sind.
- Ich bin extrem geräuschempfindlich. Woher das kommt, weiß ich gar nicht. Aber meine Mutter hatte das auch.
- Wenn jemand in meinem Umfeld krank wird, und sei es auch nur eine Erkältung, denke ich sofort: Hoffentlich geht das gut. So was kann ja auch mal tödlich enden.
- Ich esse meinen Teller leer. Immer.
- Besitz ist mir unheimlich. Ich habe auch keinen Bezug dazu. Wenn ich Geld habe, gebe ich es immer ziemlich schnell aus.
- Wenn ich auf der Straße sehe, wie Polizisten eine Person offensichtlich gegen ihren Willen befragen oder sogar bedrängen, würde ich nie hingehen und fragen, was da los ist. Man weiß ja nie, was einem da selbst passiert.
- Wenn ich das Haus, zum Beispiel wegen eines Brandes, verlassen müsste – ich wüsste sofort, wo die fünf Dinge sind, die ich mitnehmen muss. Manchmal dachte ich schon, ich sollte einen Notfallfluchtkoffer packen.
- Manche meiner Bekannten haben sehr enge Freunde. Für mich gilt aber auch da: Auch Freunde sollte man immer wieder sehr kritisch prüfen! Man kann schließlich Leuten nur vor den Kopf gucken.

Fühlen Sie sich bei einigen Eigenheiten an sich selbst erinnert? Haben Sie ein paar der Sätze angekreuzt? Dann überlegen Sie sich in einem zweiten Schritt, mit welchen Familienereignissen aus dem Ersten oder Zweiten Weltkrieg oder aus der Nachkriegszeit das zu tun haben könnte. Nur noch mal zur Hilfe: Alle Ernährungsthemen haben natürlich mit

Hunger zu tun oder mit der Tatsache, dass man Besitz und seinen eigenen Herd verloren hat. Die Fluchtkoffergedanken und auch alle Gedanken zum Thema Besitz haben ebenfalls mit Flucht und Verlust zu tun. Misstrauen gegenüber Nachbarn etc. kann darauf zurückzuführen sein, dass man in der eigenen Familie verfolgt wurde oder dass einige Familienmitglieder Schuld auf sich geladen haben.
Schauen Sie abschließend, ob Sie zumindest einer der Marotten ein Ereignis oder eine Erfahrung aus der eigenen Familie zuordnen können. Wenn Sie es können: Behalten Sie diesen Zusammenhang im Hinterkopf. Achten Sie eine Woche lang darauf, welche anderen Situationen im Alltag noch von dieser Mentalität und dieser Erfahrung geprägt werden.
Natürlich sorgt so eine Reflexion noch nicht dafür, dass Sie sich von Ihrer Vergangenheit loslösen können. Aber das Bewusstsein für diese Zusammenhänge kann schon viel verändern. Denn beispielsweise können Sie nur Werte oder auch Verhaltensweisen hinterfragen und verändern, die Ihnen bewusst sind. Wenn Sie also merken, dass Sie wie Ihre Großmutter im Krieg nichts wegwerfen können und auch noch Kleidung aufbewahren, die Ihnen längst zu klein ist, kann es hilfreich sein, sich ganz bewusst klarzumachen: Ich lebe nicht im Krieg. Und wenn ich diese Kleidungsstücke weitergebe, helfe ich sogar anderen Menschen. Hier im Schrank nutzen sie niemandem.

FALL II: Warum sind wir mit unserer Firma plötzlich so erfolglos?

In unserem zweiten Beispiel soll es darum gehen, dass nicht nur Ängste und Neigungen, die uns heute prägen, mit der Kriegszeit zu tun haben, sondern dass Erlebnisse, die der eigenen Sippe im Krieg passiert sind, auch in der Jetztzeit noch große Probleme von Ehekrach bis Firmenbankrott haben können. Das mag zwar erstaunlich klingen – immerhin sind die Kriegszeiten inzwischen viele Jahrzehnte her und wir leben, zumindest in Deutschland, in einer Zeit des Friedens. Es gibt also keinen Grund, sich übermäßige Sorgen zu machen, dass man plötzlich alles Hab und Gut verliert. Doch das nächste Beispiel wird zeigen, wie eng unsere Verbindung zu den Verlusten und Schmerzen der Kriegsgeneration immer noch ist – und dass sie sich häufig einfach in einem neuen Gewand zeigt.

So ist es zum Beispiel bei Heike und Bernd. Beide sind Ende 50 und seit über 30 Jahren verheiratet. Bernd sucht meine Hilfe, weil er große Schwierigkeiten mit seiner Brauerei hat. Das Familienunternehmen steht kurz vor dem Bankrott. Bernd stellt sich die Frage, ob er den Betrieb so schnell wie möglich verkaufen soll oder doch noch etwas selbst retten kann. Er fühlt sich an einem Scheideweg angekommen. Und er ist schockiert und wütend zugleich: Bernd hat den Betrieb von seinen Eltern übernommen und immer besonnen gewirtschaftet. Und jetzt das. Seine Umsätze sind eingebrochen, obwohl die Bierbranche im Allgemeinen eher im Aufschwung ist. Viele seiner Mitbewerber hatten Modemarken und Alkopops kreiert. Er hatte sich ganz bewusst mit der traditionellen Brauweise positioniert. Offensichtlich ein Fehler. Aber warum hatte er die Zeichen der Zeit nicht gesehen und nicht angemessen reagiert? Er war doch die vielen Jahre davor ein erfolgreicher Geschäftsmann gewesen. Bernd hatte von einem befreundeten Unternehmer gehört, dass ich schon einigen Menschen in beruflichen Krisen mit meiner Arbeit weiterhelfen konnte. Deshalb kam er zu mir.

Genogramm 12
Heike und Bernd

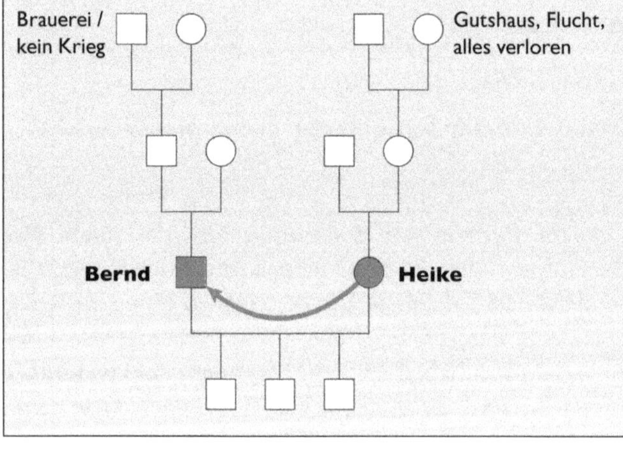

Bernds Familie ist in seinem Dorf in Bayern seit Generationen als die Brauereifamilie bekannt. Schon sein Vater war Bierbrauer und sein Großvater ebenso. Die Frauen an der Seite dieser Männer waren schon immer die fähige rechte Hand des Unternehmers. Sie kannten sich wie ihre Männer mit dem Geschäft aus, machten die Buchhaltung und sorgten für die gute Stimmung bei den Beschäftigten im Familienbetrieb. Dazu gehörten auch ordentliche Weihnachtspakete und Betriebsfeste, bei denen sich die Tische unter dem guten Essen bogen. Bernds Großeltern hatten den Krieg aufgrund ihrer festen Position im Dorf gut überstanden. Durch die dörfliche Lage war auch der Krieg fast spurlos an den Menschen und am Betrieb vorbeigegangen. Die Gebäude waren von Bombenangriffen und Zerstörung verschont geblieben. Aufgrund eines Herzfehlers war der Vater auch nicht an die Front eingezogen worden. Bernd erinnert sich an eine glückliche Kindheit als Jüngster von drei Geschwistern. Seine größeren Schwestern spielten mit ihm und versuchten auch manchmal, ihn zu erziehen. Aber als einziger Junge hatte er in der Familie immer auch eine gute und besondere Position innegehabt. Außerdem war schon früh klar: Als einziger Sohn übernimmt Bernd einmal das Unternehmen.

Nach einer Lehre zum Braumeister, die er in einem anderen Betrieb in der Gegend absolvierte, engagierte er sich mehr und mehr in der elterlichen Firma. Ende der 1980er-Jahre, Bernd war gerade Mitte 20 und frisch verheiratet, übernahm er den Betrieb von seinen Eltern. Sie hatten lange nicht aufhören wollen und behielten auch nach der Übernahme durch den Junior noch viele Fäden in der Hand und wollten mitreden. Auch, wenn sie ihrem Sohn durchaus Fähigkeiten zuschrieben, so hatten sie doch Angst, dass er mit seinen moderneren Ansichten die Tradition beschädigen könnte.

Im Konflikt zwischen den verschiedenen Ansichten zwischen Sohn und Eltern kommt es immer wieder zur Frage, wie man ein Unternehmen in die Zukunft führt. Dass dies nicht nur ein sachlicher Streit ist, sondern eine tiefe Dynamik auf der Ebene des Genogramms berührt wird, wird in der Beratung sehr schnell deutlich: Mit der dritten Generation geht die Brauerei in eine Brauerei-Dynastie über. An diesem Punkt gibt es oft die innere Dynamik, dass ein Unternehmen entweder eingeht oder sich in ein »Traditionsunternehmen« wandelt, das irgendwann ein Eigenleben führt, größer wird als ein reiner Familienbetrieb. Äußerlich zeigt sich der Konflikt »Überleben oder Sterben des Unternehmens« oft daran, dass es Spannungen zwischen den Generationen gibt.

Das führt etwa in Bernds Fall letztlich zu der paradoxen Forderung, die Bernds Vater an Bernd auch tatsächlich formuliert: »Mach was aus dem Unternehmen, führe es erfolgreich in die Zukunft – aber verändere bitte nichts!«

Für Bernd ergeben sich daraus zwei Möglichkeiten: Er führt das Unternehmen in der Tradition des Vaters und seiner Vorväter weiter – und wird es vermutlich zugrunde richten, weil er nicht mit der Zeit geht. Oder: Er reißt im Trotz und in der Abgrenzung zum Vater alles nieder, was seine Vorgänger aufgebaut haben, und startet sozusagen neu.

Häufig liest man in der Zeitung von solchen Entwicklungen und wundert sich, warum eine ehemals erfolgreiche Firma plötzlich in Konkurs geht, nachdem die jüngere Generation die Geschäfte übernommen hat. Es ist zu vermuten, dass hier oft ähnliche Konstellationen wie bei Bernd wirken.

Ganz gleich, wie Bernd agiert, er ist nicht frei. Er kann das Unternehmen nur mit gebremster Kraft führen, weil die Vorgaben aus der Tradition des Unternehmens ihn behindern.

Und »wie durch Zufall« hat sich Bernd genau in dieser Situation auch in eine Frau verliebt und sie geheiratet, die ebenfalls eine stark bremsende Kraft in sich trägt. Das zeigen mir die Sippenerfahrung von Bernds Ehefrau Heike und die dazugehörige Genogrammkonstellation sofort.

Heikes Familie hatte es in Kriegszeiten in keiner Weise so gut getroffen wie Bernds Familie. Vor dem Krieg waren die beiden Familien durchaus in ähnlicher Position. Heikes Großeltern bewirtschafteten ein großes Gut in Vorpommern. Mit Landwirtschaft, Tieren, Mägden und Knechten. Doch in den Kriegswirren verloren sie alles. Der Großvater geriet in Kriegsgefangenschaft. Die Großmutter musste mit den kleinen Kindern flüchten. Sie sah ihren Mann nie wieder. Sie musste ihren Hof und ihr Land verlassen und wieder ganz von vorne anfangen. Sie schaffte es, alle Kinder durchzubringen. Glücklicherweise war sie eine sehr geschickte Hausfrau und konnte gut mit Zahlen umgehen. Ein Verwandter bot ihr an, günstig in einem seiner Mietshäuser zu wohnen. So konnte die Mutter den Kindern einen recht guten Lebensstandard bieten, trotz der geringen finanziellen Mittel. Der Nachteil war: Sie mussten alle paar Jahre die Wohnung wechseln, weil der Verwandte just diese Wohnung jetzt doch gut vermieten konnte.

Heikes Mutter hatte also dementsprechend als Kind das Leben einer wohlsituierten Person geführt und musste sich danach jahrelang in relativer Armut zurechtfinden. Die Großmutter war zwar alt geworden, aber ihre Lebensfreude war im Krieg abgestorben. Ihre drei Kinder, ein Mädchen und zwei Jungen, erzog sie streng und sparsam.

Vor allem ihre Älteste, Heikes Mutter, hatte sich deshalb schon früh von ihrem Elternhaus gelöst. Sie hatte eine Lehre zur Bürokauffrau gemacht, bereits mit 20 Jahren geheiratet und selbst eine Familie gegründet. Ihr Mann war Monteur und nur selten zu Hause. Aber er verdiente genug, dass sie sich ein kleines Reihenhäuschen leisten konnten. Heike war ihre älteste Tochter. Es folgten noch zwei Brüder.

Bernd hatte Heike schon in der Schule kennengelernt. Sie war eines von diesen ernsthaften Mädchen, die sich nicht dessen bewusst sind, wie hübsch sie sind. Er hatte sich sofort verliebt. Doch erst nach der Schule waren sie ein Paar geworden. Erst als es nicht mehr so wichtig war, dass er der Sohn vom reichen Brauer und sie das Mädchen aus dem Reihenhaus war, konnten sie sich näherkommen. Die Geschichte von Heikes Familie erfuhr Bernd erst später. Und er konnte nicht wissen, dass sie das Schicksal seines Unternehmens mit beeinflussen würde. Auch Heike selbst war sich darüber nicht bewusst. Doch die Erlebnisse ihrer Ahnen wirken auch in ihrem Leben. Die Erfahrung, alles zu verlieren, was man sich aufgebaut hat, hat ihre Familie tief geprägt. Letztlich trägt Heike aufgrund der Familiengeschichte ein Programm in sich, das besagt: »Alles, was aufgebaut wird, muss wieder zerstört werden.« Denn nur, wenn man alles verliert, was man sich erarbeitet hat, gehört man zur Sippe. Würde Heike eine erfolgreiche Unternehmerin mit einem florierenden Betrieb, würde sie ihre Familie auf der Ebene der Genealogie verraten. Letztlich wäre Erfolg für sie also ein sehr großer Stressfaktor. Und schon, dass sie als Ehefrau des Brauers ein sicheres und auch luxuriöses Leben führt, stresst sie tendenziell. Noch mehr Erfolg wäre für sie schier unerträglich. Diese Zusammenhänge sind ihr natürlich nicht bewusst. Aber auf der unbewussten Ebene agiert sie genau so, wie es die Familientradition vorschreibt. Entsprechend dieses Sabotageprogramms hält Heike an dem altmodischen Kurs der Brauerei vehement fest, bestärkt ihren Mann nicht darin, nötige Neuerungen und Veränderungen vorzunehmen und trägt somit unbewusst dazu bei, dass die Brauerei rote Zahlen schreibt.

Ich erkläre Bernd, dass in ihm und seiner Frau also letztlich ganz ähnliche Sabotage- und Verlustprogramme wirken – die sich verstärken und alle in die Richtung wirken, dass die Brauerei in dieser Generation zugrunde geht.

Als Bernd sich dieser Konstellation bewusst wird, wird ihm vieles klar. Er begreift, warum er selbst so entscheidungsunfähig ist und mit diesem Erbe eigentlich gar nicht in der Lage, das Unternehmen zu modernisieren. Und er sieht, warum seine Frau ihn so wenig in seinen zaghaften Anflügen von innovativen Ideen, die es durchaus gibt, unterstützte. Wir erarbeiten Merksätze für Bernd, die wir im Anschluss energetisch bearbeiten.

Bernd möchte unbedingt auch seiner Frau von seinen Erkenntnissen in unserer Sitzung erzählen, weil sie ihn derart verblüffen und sich zugleich so stimmig anfühlen. Er möchte sie sogar bitten, selbst eine nächste Sitzung bei mir zu machen, um ihre Verstrickungen mit ihrer Herkunftsfamilie aufzulösen. Ich finde das in diesem Fall eine gute Idee. Heike kommt tatsächlich zu mir und ich arbeite auch mit ihr. Häufig arbeite ich nicht mit mehreren Familienmitgliedern. Das ist meist gar nicht nötig. Aber in diesem Fall war klar, dass Heikes Programm das Thema stark beeinflusst.

In meine Praxis kommen viele Menschen, die ein ähnliches Verlustprogramm wie Heike in sich tragen. Für ihr Leben hat das gravierende Folgen, die sich in ganz unterschiedlichen Facetten zeigen: Manche bauen etwas auf – und verlieren es sofort wieder. Andere trauen sich nie, viel Geld zu verdienen. Manche gründen Firmen, die wirklich Potenzial haben, aber dann macht das Unternehmen doch pleite. Fast nie ist den Menschen der Zusammenhang mit ihren Familienerfahrungen bewusst. Aber sehr häufig, wenn man mit Wohlstand und Sicherheit so seine Probleme hat, zeigt die Arbeit mit den Klienten, dass dahinter Verlusterfahrungen der Herkunftsfamilie aus Kriegszeiten stecken.

Für Bernd entwickeln wir die Erkenntnissätze:

» **Ich darf neue Ideen umsetzen und die Brauerei total umkrempeln und gehöre immer noch zum Familiensystem.** «

Ich darf mein Unternehmen in die vierte Generation führen und modernisieren.

Der wichtigste Erkenntnissatz von Heike war:

» **Ich darf in Sicherheit und Wohlstand leben, auch wenn meine Familie viele Verluste erleiden musste.** «

Dass die beiden Partner rechtzeitig in die Beratung gekommen sind, war für beide ein Glück. Anders als mit vielen anderen Klienten arbeite ich mit den beiden noch heute ein- oder zweimal im Jahr an verschiedenen Fragestellungen und Themen. Die Verlustprägung von so einer Tiefe bearbeitet man, das nur nebenbei gesagt, tatsächlich oft nicht in einer einzigen Sitzung und so haben wir einige intensive Arbeiten gemacht. Neben vielen anderen Faktoren hat die energetische Arbeit am Genogramm aber sicherlich auch geholfen, die Brauerei zu retten: Dem Geschäft geht es heute so weit gut.

Faustregeln

- Wenn Menschen im Laufe der Kriege vertrieben wurden, fällt es auch den nachfolgenden Generationen sehr schwer, sich ein stabiles Leben aufzubauen. Oft verlieren sie auch Besitz wieder, den sie sich aufgebaut haben.
- Familienunternehmen und andere Dynastien entwickeln eine ganz eigene Kraft. Ab der dritten Generation ist die Firma oder der Status selbst zu einem großen Einflussfaktor geworden. Dann wird es für die nachfolgenden Generationen extrem schwer, etwas zu erneuern, zu verändern, zu modernisieren. Denn damit verstoßen sie gegen die Vorschriften der Sippe.

ÜBUNG
Tiefer graben: dieses Mal in einer alten Fotokiste

Alte Fotos in alten Schachteln oder Alben – falls Sie selbst solche Schätze nicht haben, versuchen Sie, bei Ihren Eltern oder Großeltern nach solchen Bildern zu graben. Gucken Sie, dass Sie von möglichst vielen und möglichst unterschiedlichen Menschen aus Ihrer Familie Bilder bekommen: Eine Cousine? Eine Urgroßmutter? Urgroßväter beim Militär? Versuchen Sie, mit Ihren Verwandten über diese Bilder ins Gespräch zu kommen. Fragen Sie ruhig, was die Personen auf den Bildern im Krieg erlebt haben. Oder was sie selbst – falls es alte Menschen sind – vom Krieg erinnern. Oft kommen auch in solchen eher lockeren Gesprächen ganz neue Erkenntnisse zum Vorschein.
Machen Sie sich im zweiten Schritt eine Art kleine Ahnengalerie auf einem Blatt Papier (manchmal ist es zu schade, die tollen alten Fotos aufzukleben, legen Sie diese sonst einfach

lose hin). Malen Sie Jahreszahlen und eine Zeitleiste. Fragen Sie sich: Wie überschneiden sich die Lebenszeiten Ihrer Familienangehörigen mit den Kriegen? Haben manche Menschen vielleicht sogar zwei Kriege erlebt? Welchen Einfluss hatte der Krieg auf ihren Lebensweg, ihr Schicksal? Sind Familienangehörige ermordet worden? Im Krieg gefallen? Verschollen oder vertrieben worden?
Im Beispiel oben haben Sie gelesen, dass die Erfahrungen des Krieges sich so tief in die Struktur der Familie einbrennen, dass es einen gewissen »Wiederholungszwang« gibt. Gucken Sie anhand Ihrer Ahnengalerie, welche Kriegserlebnisse es in Ihrer Familie gibt: Flucht, Vertreibung, Verlust, Tod, Vergewaltigung, Krankheit, Hunger. Machen Sie sich diese Geschichten einfach nur einen Schritt bewusster. Suchen Sie eine oder zwei Erkenntnisse, die Sie vorher nicht hatten und halten Sie sie fest.

Tipp: Überlegen Sie, was diese neuen Erkenntnisse über den Krieg und über Ihre Sippe mit Ihrem eigenen Leben zu tun haben.

5. Kapitel:
Immer etwas Besonderes – warum Kinder im Familiensystem eher Symptomträger sind

Kinder sind von ihren Eltern abhängig. Und das gilt nicht nur in Bezug auf Nahrung und ein Dach über dem Kopf. Die gesamte Existenz eines Kindes hängt davon ab, dass die Eltern sich um das kleine Wesen kümmern. Wenn es um sehr kleine Kinder geht, ist das jedem von uns schnell klar: Babys würden schlicht verhungern und verdursten, wenn sie niemand füttert und pflegt. Noch viel tiefgreifender ist jedoch die emotionale Verflechtung zwischen Eltern und Kindern. Sehr kleine Kinder sterben sogar, wenn man sie nicht berührt, sie nicht liebkost. Das haben grausame Experimente bereits bewiesen. Das enge Band zwischen Eltern und Kindern prägt die gesamte Kindheit. Auch, wenn die Kinder größer werden, sich selbst anziehen und essen können und in die Schule gehen, so bleiben die Eltern und Geschwister das wichtigste Bezugssystem.

Kinder haben auch deshalb sehr feine Antennen für die Stimmungen ihrer Väter und Mütter und erspüren auch jede Spannung in der Beziehung der Eltern. Ganz häufig sprechen sie aber darüber nicht, sondern äußern diese Empfindungen auf einer anderen Ebene. Man kennt diese Dynamiken etwa aus Scheidungsfamilien: Ein ehemals ruhiges und ausgeglichenes Kind fällt in der Schule plötzlich durch unruhiges Verhalten auf, kann dem Stoff nicht mehr folgen. Erst nach einiger Zeit stellt sich heraus, dass es in der Ehe der Eltern ungefähr zur selben Zeit zu kriseln begonnen hat. Es kann gut sein, dass die Eltern in dieser Phase offiziell noch gar nicht von Trennung sprachen, aber das Kind erspürte die konfliktreiche Stimmung zu Hause – und brachte sie zum Ausdruck. Das Kind agiert hier als ein »Symptomträger«.

Die renommierte Familientherapeutin Virginia Satir hat die wichtige Bedeutung der Symptomträger für das Familiensystem immer wieder unterstrichen. Satir gilt als eine der Begründerinnen der systemischen Familientherapie, die sie in den 1950er-Jahren in Amerika entwickelte. Gerne wird sie auch als »Mutter der systemischen Therapie« bezeichnet. Satir war eine der ersten Psychotherapeutinnen, die es überhaupt in Erwägung zog, in die Arbeit mit einem Klienten auch Familienmitglieder mit einzubeziehen. Davor war es fast ein Gesetz, dass der Klient eine völlig exklusive Beziehung mit dem Therapeuten einging und die Familie außen vor gelassen wurde. Satir fand in ihrer Arbeit heraus, dass die Mitglieder einer Familie typischerweise vier verschiedene Positionen einnehmen. Da gibt es den »Beschwichtiger« (oder die Beschwichtigerin), die alles dafür tut, dass es den anderen gut geht. Da gibt es den »Ankläger«, der lautstark auf Missstände hinweist und Schuldzuweisungen ausspricht. Da gibt es den »Rationalisierer«, der das meist hochemotionale Geschehen am liebsten in vernünftigen Bahnen diskutieren würde. Und da gibt es den »Ablenker«. Diese Person verhält sich von außen betrachtet völlig unverständlich. Oft nervig, auffällig, zappelig oder aggressiv. Kurz: Sie tut alles dafür, um Aufmerksamkeit zu bekommen. Dieser vierte Typ Mensch übernimmt die Rolle des Symptomträgers, der zeigt: In diesem System stimmt etwas nicht. Wenn ein Kind diese Rolle übernimmt, dann zeigen sich häufig die Probleme, von denen Sie auch in diesem Kapitel lesen werden: Das Kind ist übermäßig unruhig, unverständlich aggressiv, es fällt in der schulischen Leistung ab oder kann nicht mehr schlafen.[39]

Häufig interpretieren die Eltern diese Schwierigkeiten ihrer Kinder fehl. Sie nehmen an, man müsste das Kind direkt behandeln. Man müsste ihm helfen, besser zu schlafen oder sich besser zu konzentrieren. Man müsste es in ein Anti-Aggressionstraining schicken oder schlicht strenger erziehen. Doch in der Regel ist dies ein Irrtum.

Wer Kindern mit Verhaltensproblemen oder psychosomatischen Störungen also wirklich helfen möchte, muss in der Regel tiefer blicken als nur auf das aggressive Verhalten, die Essstörung oder die Ängste. Oft kann nur der Blick auf das gesamte Familiensystem dem Kind dauerhaft helfen.

Ich möchte den Bogen jedoch aufgrund meiner Erfahrungen noch weiter schlagen und sagen: Kinder sind auch Symptomträger für verdrängte Geschehnisse und Erfahrungen in der Sippe. Häufig kommen Mütter in meine Beratung, weil ihr Kind ein Problem hat. Doch bei näherem Hinschauen stellt sich heraus: Das Kind ist letztlich der Symptomträger für ein Problem, das eigentlich auf der Ebene der Eltern oder sogar auf der Großeltern- oder Urgroßelternebene liegt. Erst, wenn wir dieses Problem, das aus der Sippendynamik entstanden ist, herausgearbeitet und gelöst haben, können wir dem Kind wirklich helfen. Häufig verändern sich das Verhalten oder die Schwierigkeiten des Kindes im Anschluss der Sitzung »wie von selbst« in eine positive Richtung. Sobald es gelingt, die Last des Sippenerbes von den Schultern des Kindes zu nehmen, gibt es für das Kind oft keinen Grund mehr, etwas auszugleichen. Nicht selten höre ich einige Wochen nach der Sitzung von Müttern Sätze wie diese: »Es war fast wie von Zauberhand. Von einem Tag auf den anderen haben die Ängste meiner Tochter aufgehört.« Oder: »Nein, eigentlich ist er seit der Sitzung bei Ihnen kein einziges Mal mehr unruhig gewesen.« Oder: »Es scheint, als hätte er seine Gefühle besser im Griff. Er hat niemanden mehr gehauen.«

Vermutlich habe ich auch deshalb ein gutes Gespür für die Einflüsse der Sippenstruktur auf Kinder, weil ich lange Zeit als Grundschullehrerin gearbeitet habe. Dies ist mein ursprünglicher Beruf. Und schon damals, lange bevor ich meine eigene Praxis eröffnete, war mir oft sehr schnell intuitiv klar, dass die Ursachen für Lernstörungen oder Verhaltensauffälligkeiten bei Kindern so gut wie immer in der Familie liegen. Damals war es mehr ein Gefühl, heute weiß ich, wie sehr mein Gefühl stimmte. Und auch, dass die Ursachen nicht immer ausschließlich konkret im Elternhaus zu suchen sind, sondern auch sehr viel weiter zurück in der Familiengeschichte ihre Wurzeln haben können.

Damit Sie sich besser vorstellen können, wie sehr Kinder häufig unter dem Einfluss der Familiendynamik stehen – und wie sinnlos und auch demütigend für die Betroffenen es in solchen Fällen häufig ist, mit dem Kind selbst am Symptom »herumzudoktern«, will ich im Folgenden das Beispiel von Mats erzählen. Es ist eine sehr eindrückliche Geschichte, die sich vor einigen Jahren ereignet hat. Mats, 10 Jahre alt, wurde von seiner Mutter Sandra, 40, zu mir in die Praxis gebracht. Die Mutter war verzweifelt: Mats war in der Hauptschule gleich in den ersten Wochen nach dem Schulwechsel von der Grundschule so gewalttätig geworden, dass ihm nun von offizieller Seite der Schulbehörde ein Rausschmiss drohte.

FALL I: Warum bin ich so gewalttätig wie mein Großvater?

Mats war schon immer ein eher energisches Kind, das lange Zeit zu heftigen Wutausbrüchen neigte. Schon im Kindergarten hatte seine Mutter einige Gespräche mit Erziehern und anderen Eltern führen müssen, weil ihr Sohn in Konfliktsituationen häufig andere Kinder schlug. Doch das hatte sich mit der Zeit gegeben, die Mutter hatte in der Grundschulzeit zwar häufig das Gefühl, dass Mats wohl ein Einzelgänger ist, aber Wutausbrüche und Zorn sich irgendwie »verwachsen haben und der Junge auf einem guten Weg« ist. Doch dann kam der Schulwechsel in die weiterführende Schule. Mats kam in die nahe gelegene Hauptschule, weil seine Leistungen im Abschlusszeugnis der vierten Klasse nur im unteren Mittelmaß lagen. Was er dort vorfand: eine große Schule mit über 1000 Kindern, großem Lehrkörper, einigen Sozialpädagogen und einem guten pädagogischen Konzept. In dieser Schule waren viele Kinder, die nicht gerade als »Musterschüler« zu bezeichnen sind. Im Gegenteil war die Schule mit dem Thema Gewalt durchaus vertraut und hatte sich aktiv um einen guten Umgang mit Aggressionen und Konflikten gekümmert. Es gab eine Kultur der Streitschlichter und klare Regeln für den Umgang mit kleinen und größeren Konflikten. Zu Hause erzählte Mats in den ersten Wochen allerdings so gut wie gar nichts über die Schule, war eher still. Doch seine Mutter dachte, dass dies bestimmt an der Eingewöhnung in die neue Situation liege. Sie dachte: Erst mal gucken und ihn in Ruhe lassen.

Umso erschrockener war die Mutter, als sie bereits in der dritten Schulwoche einen Anruf von einer aufgebrachten Lehrerin bekam. Sie solle ihren Sohn bitte jetzt und sofort abholen. Er habe zum wiederholten Male einen Mitschüler geschlagen, und zwar brutal ins Gesicht. Natürlich fuhr Sandra sofort zur Schule und holte Mats ab, der vor dem Schulbüro wartete. Seine Miene war versteinert. Und auf ihre Frage, was passiert sei, sagte er nur: »Der Typ hat angefangen. Ich musste mich wehren. Er hat es echt verdient.«

Auch das Gespräch mit der Lehrerin brachte nicht wirklich ans Licht, was vorgefallen war. Und so beließ die Mutter es, nachdem sie sich mit ihrem Mann beratschlagt hatte, bei einer strengen Ermahnung und drei Tagen Computerverbot.

Doch schon wenige Tage später klingelte wieder das Telefon. Diesmal erklärte ihr die Lehrerin vollkommen aufgelöst, dass ihr Sohn in den nächsten Tagen nicht zur Schule kommen dürfe. Er sei wieder aus nichtigem Grund völlig ausgerastet, in einer Brutalität, die man hier nicht dulden könne – und der betroffene Junge, den Mats attackiert habe, müsse in der hausärztlichen Praxis in der Nachbarschaft behandelt werden, weil seine Nase nicht mehr aufgehört hatte zu bluten.

Mats Mutter Sandra war nach diesem Vorfall entsetzt und ratlos. Sie sah die schulische Laufbahn ihres Sohnes gefährdet. Zudem sie bei einem weiteren Telefonat – diesmal mit dem Rektor der Schule – erfahren musste, dass die Schulleitung den Fall diesmal nicht intern in der Schule regeln würde, sondern den Fall bereits an die Schulbehörde und ans Jugendamt weitergegeben hatte. Eine sehr ungewöhnliche Härte, normalerweise gäbe es bei einem Fünftklässler eine deutlich längere Schonfrist. Tatsächlich deutete auch der Rektor in dem Telefonat an, dass Mats sich auf eine derart schonungslose Weise brutal zeige, dass Lehrer und Mitschüler Angst vor ihm hätten.

Die Mutter war nun regelrecht verzweifelt. Sie dachte über mögliche Ursachen für die Gewalt nach. Vielleicht eine früh einsetzende Pubertät, mit der Mats nicht klarkam? Oder eine Erkrankung. Sie hatte gehört, auch eine Aufmerksamkeitsdefizit-Störung könne sich durch aggressives Verhalten äußern. Deshalb kommt sie in meine Praxis, um mit mir über mögliche Ursachen zu sprechen. Sie möchte außerdem, dass ich Mats helfe, seine Impulse besser zu kontrollieren, mit seiner Wut anders und konstruktiver umzugehen.

Als wir uns unterhalten, wird jedoch schnell klar, dass es auch auf der Ebene des Genogramms einen sehr gewichtigen Grund gibt, warum Sandra mich als Beraterin aufgesucht hat: Ihr eigener Vater ist extrem gewalttätig gewesen, hatte Frau und Kinder immer wieder verprügelt. Ein rabiater Kneipenwirt, der viele Fragen per Faustrecht klärte und der unter Alkoholeinfluss absolut unberechenbar und haltlos wurde. Jetzt hatte die Mutter einfach große Angst, dass ihr Sohn den Charakter des Großvaters geerbt haben könnte.

Wir zeichnen das Genogramm auf:

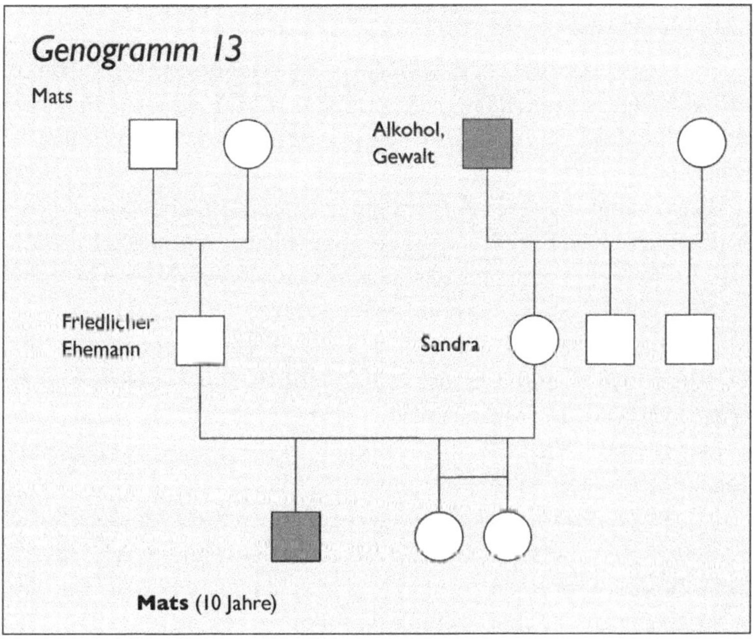

Mats ist der älteste Sohn von Sandra und ihrem Mann Sebastian. Nach ihm bekam Sandra noch Zwillinge, die beiden Mädchen Julia und Jana, die inzwischen 6 Jahre alt sind und demnächst in die Schule kommen. Sandra selbst ist die älteste Tochter ihrer Eltern. Ihre beiden Brüder sind 2 und 4 Jahre jünger. Sandra hat also in der Geschwisterreihe die gleiche Position wie ihr Sohn Mats: Sie ist die Älteste.

Als Älteste hatte sie am stärksten unter Willkür und Jähzorn des Vaters zu leiden, erzählt Sandra im Gespräch. Ihr Vater hatte eine Kneipe in einem kleinen Ort. Diese Wirtschaft war so etwas wie der Mittelpunkt des sozialen Lebens. Und ihr Vater war grob und gewalttätig auf mehreren Ebenen. Als Wirt regierte er mit strenger Hand in der Kneipe, manchmal auch mit unberechenbarem Zorn. Wer sich seiner Meinung nach danebenbenahm, flog raus. Genauso agierte er als Familienoberhaupt. Wenn er sich mittags, bevor er die Kneipe aufmachte, zum Essen hinsetzen wollte und das Essen nicht sofort auf dem Tisch stand, brüllte er schon los. Oder wenn er irgendwo in der Wohnung eine dreckige Ecke sah, die ihm missfiel. Oft traf es natürlich Sandras Mutter. Aber wenn diese nicht im Raum war, ging der Vater mit seiner Wut auf Sandra los. Und nicht selten folgte direkt eine Ohrfeige oder eine Tracht Prügel. Damit sie es sich merken solle, wie man eine Wohnung in Ordnung hält, hatte ihr Vater immer dazu gesagt. So war es oft gewesen: Seine Gewaltausbrüche kommentierte der Vater mit Ratschlägen fürs Leben. Auch ihre Brüder hatte er geschlagen – aber diese waren einfach fast gar nicht mehr nach Hause gekommen, sobald sie älter als zwölf waren. Sie dagegen musste zu Hause und in der Wirtschaft häufig helfen.

Auch, wenn ihr Vater als Wirt ein gewisses Ansehen hatte, so war er dennoch ein totaler Einzelgänger, der niemanden an sich heranließ. Er konnte zwar in der Kneipe mit vielen Stammgästen gut umgehen – aber Freunde hatte er keine. Dass er mit den Jahren zum Alkoholiker geworden war, hatte seine Isolation noch verstärkt. Trotzdem war die Mutter bei ihm geblieben. Sandra wusste nicht genau, warum ihre Mutter all dies ertragen hatte. Sie selbst hatte immer gesagt: »Wir bleiben zusammen. In guten und in schlechten Tagen. Dein Vater ist im Kern ein guter Mann.«

Mit 17 Jahren war Sandra ausgezogen. Sie hatte Krankenschwester gelernt – vor allem, weil man bei dieser Ausbildung im Schwesternwohnheim wohnen kann. Weg von zu Hause. Das war ihr Wunsch gewesen. Schon in ihrer Ausbildungszeit hatte sie dann Sebastian kennengelernt. Er war Medizinstudent und jobbte im Krankenhaus. Sie verliebten sich. Sebastian war das genaue Gegenteil von ihrem Vater: ein bedächtiger, freundlicher Mann, dem niemals die Hand ausrutschen würde. Er hatte ein zugewandtes Wesen und nahm sich eher einmal zu viel zurück, als mit Gewalt oder Verve seine Meinung durchzusetzen. Sebastian ist das jüngere Kind von zwei Brüdern und stammt aus einer Lehrerfamilie.

Das Genogramm von Sandras Familie zeigt mir sehr schnell, wo hier das Problem liegt: Durch den gewalttätigen Großvater ist in Sandras Familiensystem Gewalt und Jähzorn eine Art Familienerbe, das nach der Logik dieser Sippe auf jeden Fall fortgeführt werden muss. Die zornige Energie ist also im System – auch, wenn Sandra sich mit Sebastian betont von dieser Art des Umgangs distanziert. Sebastian ist mit seiner ausgeglichenen, abwägenden Art ja der totale Gegenentwurf zu der jähzornigen Lebensart, die Sandras Vater kultiviert hatte.

Doch dieses gewalttätige Familienerbe aus Sandras Familie ist in gewisser Weise nur verdrängt und unterdrückt. In der Logik der Sippe müsste auch in der nächsten Generation ein Mann den Pol der Gewalt vertreten. Die Brüder von Sandra kommen nicht in Frage, sie sind auch eher friedliebend geworden. In Mats bricht sich dieses Erbe also wieder Bahn. Er bringt mit seinem Verhalten in gewisser Weise die Wertschätzung für den Großvater zum Ausdruck und damit das Gesamtsystem wieder ins Gleichgewicht. In gewisser Weise nimmt er damit die Last der Gewalt von den Schultern seiner Mutter und lädt sie sich selbst auf. Er agiert als Symptomträger für diesen ungelösten Konflikt auf der Sippenebene. Denn hier gilt ja in einem starken Maß der Satz: »Du gehörst als Mann nur zur Sippe, wenn du gewalttätig und jähzornig bist.«

Zuerst ist Sandra entsetzt über diesen Gedankengang und über die möglichen Zusammenhänge zwischen dem Verhalten ihres Sohnes und ihres Vaters. Schließlich war es doch ihr größter Wunsch, die Gewalt der Familie ein für alle Mal hinter sich zu lassen. Genau deshalb findet sie Sebastian auch so wunderbar. Genau deshalb hat sie Mats so völlig anders erzogen! Bei ihnen zu Hause ist es üblich, dass man über die Dinge in Ruhe diskutiert. Das hatte Sandra von Sebastian übernommen. Jetzt bekam sie plötzlich Angst, ob die Veranlagung zum Jähzorn am Ende doch in den Genen liegt und es für Mats sozusagen kein Entrinnen aus der Gewalt gibt. Mats selbst sagt in der Sitzung nicht viel. Einmal schildert er, dass er nicht genau wisse, warum er so stark zuhaue. Es sei einfach so, »dass ich plötzlich so furchtbar wütend bin und das Gefühl habe, der andere versteht mich nur, wenn ich ihm richtig wehtue. Das ist plötzlich eine ganz feste Überzeugung.«

Solche Sätze kann sich die Mutter gar nicht gut anhören. Immer wieder betont sie, wie unglaublich rüpelhaft und unsozial sie das fände. Natürlich bringt das Mats gar nicht weiter. Ich versuche deshalb erst mal, Sandra zu beruhigen, und versuche ihr zu verstehen zu geben, dass man auch dieses Erbe hinter sich lassen und in gesunder Form integrieren kann.

Wir entwickelten gemeinsam zwei Merksätze für Mats:

» **Ich gehöre zu meiner Sippe, auch wenn ich friedlich und gewaltlos bin.**

Ich kann mich sozial verhalten und zu einer Gemeinschaft gehören und bin trotzdem ein Kind meiner Sippe. «

Und wir entwickeln einen Merksatz für die Mutter Sandra:

» **Ich gehöre auch zu meiner Sippe, wenn ich einen Mann wähle, der ein friedliebender Mensch ist.** «

Schon als wir den Satz formulieren, merkt Sandra, wie ihr leichter ums Herz wird. »Irgendwie geht mich dieser Satz etwas an«, sagt Sandra. Mats sagt nicht viel, aber ich spüre, wie auch er ein ganz bisschen lockerer wird. Er spürt, dass es nicht darum geht, welche »Schuld« er an dem Geschehen hat oder dass er »falsch« und »unsozial« sei. Er spürt, dass seine Mutter sich für ihn und sein Wohl starkmacht und verantwortlich fühlt. Und auch das tut ihm gut.

Wir lösen die Verstrickungen im Anschluss auch auf energetischer Ebene. Dann schicke ich die beiden erst einmal nach Hause.

Nur zwei Wochen später ruft Sandra mich an. Sie ist ganz aufgeregt am Telefon. Denn sie hat das Gefühl, dass ihre Welt eine völlig andere geworden ist. Sie hatte sich beim Rektor noch einmal für Mats eingesetzt und um ein Gespräch gebeten. Und das Gespräch war toll gewesen. Das erste Mal sei Mats wirklich in Kontakt geblieben. Er konnte erklären, was ihn bei den vergangenen Konflikten wütend gemacht hatte. Und er konnte sogar mit dem Rektor per Handschlag ausmachen, dass er das nächste Mal nicht zuschlägt.

Dabei war er so überzeugend, dass der Rektor ihm noch eine Chance gab.

Aber zugleich hatte Sandra das Gefühl, dass Mats vielleicht gar nicht mehr in solche Situationen geraten würde. Denn zumindest im Augenblick habe er sich ziemlich verändert. Die große Anspannung sei verschwunden und er würde jetzt auch ganz normale Dinge aus der Schule zu Hause erzählen. Nicht nur – so wie vorher –, was ihn genervt hatte oder was schiefgelaufen war. Und vor zwei Tagen hatte ein Junge aus der Klasse angerufen und wollte sich mit Mats verabreden. Bei den Worten hörte ich die Rührung in der Stimme der Mutter. Die beiden waren ganz offensichtlich auf einem guten Weg, der sie aus den vorgezeigten Sippenstrukturen entließ.

Faustregeln

- Wenn Kinder immer wieder extremes Verhalten wie Aggression, Angst oder motorische Unruhe entwickeln oder oft über psychosomatische Beschwerden wie Bauchschmerzen, Kopfschmerzen klagen, agieren sie häufig als Symptomträger für einen Konflikt im Elternhaus oder auf der Ebene der Sippe.
- Auch, wenn das Verhalten oder die Erkrankungen von Symptomträgern so wirken, als wollten sie das System Familie stören, so steckt dahinter doch oft der (unbewusste) Wunsch, das System zu stabilisieren. Denn über das Symptom stellt der Symptomträger das Gleichgewicht in der gesamten Familienkonstellation her.
- Wenn das Anliegen hinter dem Symptom aufgedeckt wurde, finden sich in der Regel Möglichkeiten, mit dem verdeckten Thema offen und konstruktiv umzugehen. Die Symptome verschwinden.
- Wenn es in der Sippe extremes Verhalten wie Aggression, Gewalt oder Ängste gab, dann ist es sehr wahrscheinlich, dass Verwandte aus nachfolgenden Generationen so ein Verhalten an irgendeiner Stelle nachahmen.

ÜBUNG 1

Blick zurück: Ich als Symptomträger

Wenn Sie sich an Ihre Kindheit erinnern, gab es vermutlich auch immer mal wieder Zeiten, in denen Sie als Symptomträger verdrängte Themen Ihrer Familie sichtbar gemacht haben. Vielleicht sind Ihre Eltern umgezogen – und alle waren sehr glücklich im neuen Haus. Niemand sprach darüber, dass es auch ein bisschen traurig ist, das alte Leben hinter sich zu lassen. Nur Sie konnten sich schlecht einfinden, hatten Ängste und Schwierigkeiten neue Freunde zu finden. Oder es gab eine Zeit, in der man Sie als besonders »schwierig« bezeichnet hat. Vielleicht hatten Sie auch Phasen mit psychosomatischen Beschwerden, wie Schlafprobleme, Bettnässen, ungeklärte Kopfschmerzen o. Ä.

Sie können davon ausgehen, dass Ihre kindlichen Beschwerden häufig Ausdruck für Themen waren, die Ihre Eltern verdrängten oder nur hinter der geschlossenen Schlafzimmertür diskutierten.

Wie haben Sie Ihre Kindheit erlebt? Erinnern Sie sich an Zeiten, in denen Sie vermutlich »Symptomträger« waren? Hat sich irgendwann später aufgeklärt, was in dieser Zeit Besonderes los war?

ÜBUNG II
Blick ins Jetzt. Ihre Kinder als Symptomträger

Dies ist eine Übung für Eltern. Wenn Sie keine eigenen Kinder haben, überspringen Sie diese einfach.

Also: Nehmen Sie sich einen Moment Zeit und denken Sie an Ihre Kinder. Oder an eines Ihrer Kinder. Wie verhält es sich gerade? Geht es ihm gut? Entwickelt es sich altersgerecht? Macht es Ihnen eher Freude oder eher Kummer? Finden Sie Ihr Kind manchmal total rätselhaft? Fragen Sie sich vielleicht sogar: Woher hat er oder sie das nur? Von mir nicht! Von meinem Mann nicht!

Falls Sie Grund für Sorgen und Kummer haben oder Ihr Kind manchmal überhaupt nicht verstehen, lohnt die Frage:

- Könnte es sein, dass Ihr Kind derzeit ein Thema ausdrückt, das in der Luft liegt, aber über das Sie nicht offen kommunizieren oder das Sie lieber gar nicht sehen möchten? Wenn Ihnen hierzu intuitiv eine Idee kommt, dann notieren Sie sich diese …

Solche verdrängten Themen können zum Beispiel Geldprobleme sein. Oder Unehrlichkeiten und Aggressionen in der Partnerschaft. Oder auch Spannungen in der weiteren Familie oder Konflikte der Eltern mit den Großeltern. Auch Unsicherheiten am Arbeitsplatz oder der (verdrängte) Wunsch, sich noch einmal ganz neu zu erfinden, erspüren Kinder und bringen sie häufig in Form von auffälligem Verhalten oder Problemen ans Licht.

Falls Ihnen etwas einfällt, was Sie an Ihrem Kind derzeit irritiert, dann fragen Sie sich:

- Was bewirkt dieses Verhalten bei uns Eltern? In unserer Familie?

Häufig sehen die Symptome nämlich nur auf den ersten Blick »störend« aus. Auf den zweiten Blick stabilisiert das Kind das System Familie mit seinem Verhalten. Oder es macht auf etwas aufmerksam, das sich die Eltern unbedingt anschauen sollten.
Ein Kind, das ständig krank ist, bewirkt zum Beispiel häufig, dass sich die Eltern in der Sorge um das Kind wieder näherkommen. Letztlich bewirkt sein Verhalten also, dass die Familie stabiler wird.
Ein Kind, das sich völlig in sich zurückzieht, ständig Kopfschmerzen hat und in die Isolation geht, zeigt Eltern vielleicht, wie sehr sie sich von der Welt abkapseln. Oder schlicht, dass es Zuwendung und Ruhe braucht – mehr als die aktionistischen Eltern mit ihren tausend Terminen gerade zulassen.
Wenn ein Kind durch Aggressivität in der Schule auffällt und bei seinen Eltern die große Angst auslöst, dass dieses Kind »auf die schiefe Bahn« gerät, man dieser Aggression machtlos gegenübersteht etc., dann ist es gut möglich, dass die Aggressionen des Kindes letztlich dazu dienen, den Eltern die Augen zu öffnen, damit sie sehen, wie sehr sie aggressive Impulse, wie zum Beispiel Wut auf den Partner oder auf die eigenen Eltern, in ihrem Leben verdrängen.
Wenn Sie überlegen, welchen Effekt das Verhalten oder die Erkrankung Ihres Kindes auf Sie als Vater und Mutter hat, welche Gedanken und Gefühle es bei Ihnen auslöst, dann kommen Sie häufig dem Thema auf die Spur, das hinter diesen Symptomen liegt.

Exkurs: Gibt es Familienprobleme, die über Generationen weitergegeben werden?

Im Beispiel von Mats haben wir bereits gesehen, dass es sehr oft vorkommt, dass Kinder als eine Art Symptomträger von einem – manchmal sogar bereits verstorbenen – Familienmitglied Verhaltensweisen wie Aggressivität oder Angst übernehmen können. Dieses Aufgreifen von Lebenshaltungen oder Verhaltensweisen ist sehr oft nur eine punktuelle Dynamik im Sippensystem – betrifft also nicht jeden im System. Wenn wir uns im Alltag und in der Praxis umschauen, dann gibt es aber oft auch Probleme und Marotten, die sich scheinbar wie automatisch auf ganze Familien und Sippen legen und sich quasi als Familienthema wie ein roter Faden durchziehen. Wenn wir an befreundete Familien und Familien in Nachbarschaft und im Bekanntenkreis denken, dann kommt man immer mal wieder mit solchen Familienthemen in Kontakt: Da gibt es Familien, in denen sehr viele Menschen Ängste habe, oder Familien, in denen fast jeder geschieden ist. Oder Familien, in denen viele Mitglieder den gleichen Beruf auf die gleiche ehrgeizige Weise ausfüllen. Diese Polung auf bestimmte Probleme und Verhaltensweisen wirkt oft von Geburt an und verfestigt sich in der Kindheit. Kinder werden quasi in die Familienprobleme hineingeboren.

Ein plakatives und wissenschaftlich gut erforschtes Beispiel in dem Zusammenhang ist die Tendenz zu Sucht und Alkohol in manchen Familien. Fast jeder kennt bei genauerem Nachdenken eine Familie, in der immer wieder, auf leicht abgewandelte Weise, Suchterkrankungen wie Alkoholismus oder zumindest eine auffallende Neigung zu Suchtverhalten auftauchen. Dass diese Häufung von Sucht in Familien nicht nur ein subjektiver Eindruck ist, sondern tatsächlich sehr oft beobachtbar ist, belegen auch zahlreiche Untersuchungen. So gibt es etwa Metastudien, die nachweisen, dass verglichen mit einer Kontrollgruppe, Verwandte ersten Grades von Alkoholikern ein durchschnittlich siebenmal höheres Risiko aufweisen, ebenfalls alkoholabhängig zu werden. Ein Viertel der Väter und 5 Prozent der Mütter alkoholabhängiger Probanden sind ebenfalls süchtig.[40] Diese familiäre Häufung von Alkoholismus hat unter anderem dazu geführt, dass es auch viele Wissenschaftler gibt, die zum Thema Alkoholismus-Gene forschen. Sie argumentieren, dass bei einer so hartnäckigen Weitergabe nur Gene als Erklärungsansatz in Frage kommen. Natürlich spielen in solchen Prozessen genetische Faktoren auch immer eine Rolle. Dennoch sind auch die Experten der Meinung, dass bei der Weitergabe von Alkoholismus auch soziale und psychologische Faktoren extrem einflussreich sind.

Oft steht man jedenfalls bei dieser Art der generationalen Weitergabe daneben oder – wenn man selbst aus einer ähnlichen Familie kommt – steckt mittendrin und fragt sich, wie es sein kann, dass ein Sohn, der einen cholerischen Alkoholiker-Vater erlebt hat, wiederum in eine Suchtthematik gerät. Und wie es sein kann, dass Familien ein schädigendes Verhalten seit Generationen immer weiter aufrechterhalten, obwohl sie doch wissen und oft am eigenen Leib spüren mussten, dass es sich bei einer Alkoholkrankheit salopp gesagt um ein Problem handelt, das niemand brauchen kann. Um ein Verhalten, das körperlich, sozial und emotional extrem schädigend für alle Beteiligten ist.

Die Gründe dafür, dass auch solches, in der Literatur häufig »dysfunktional« genanntes Verhalten vom Großvater auf den Vater und vom Vater auf den Sohn oder manchmal auch auf die Tochter übergeht, sind vielfältig. Um das zu verstehen, ist es noch einmal wichtig, sich mit dem Thema Kindheit zu beschäftigen – und mit der Haltung, in der Kinder ihr Familiensystem wahrnehmen. Der Blickwinkel, den Kinder auf ihre Familien haben, ist nämlich häufig erst einmal jahrelang unbedarft und ohne jede Wertung. So passiert es, dass ein elterliches Suchtverhalten für ein Kind erst mal oft gar nicht als ein Problem angesehen wird. Damit meine ich nicht, dass Kinder nicht unter dem Alkoholismus des Vaters oder der Mutter leiden – sie kennen nur nichts anderes und sehen den Alltag mit Alkohol im Mittelpunkt als ihr »ganz normales Leben in dieser Familie« an, vielleicht sogar als »ganz normales Leben in allen Familien«. Wenn ein Kind immer wieder erlebt, dass in einem Haushalt morgens getrunken und geschrien wird, dann bekommt es quasi von klein auf jeden Tag gezeigt, dass dieses Verhalten zur Familie gehört und damit letztlich normal ist. Auch wenn jedes Kind, das zur Welt kommt, immer sehr viel eigenes mitbringt und sich oft im Erwachsenenalter mühsam aus den sozialen Strukturen und den Lernmustern der Kindheit herausentwickelt, gilt es heute als unumstritten, dass Kinder bis zu einer gewissen Entwicklungsstufe ihre Eltern für gottähnlich und allwissend halten. In diesen ersten Jahren wird die gesamte Welt eines Kindes von den Eltern bestimmt und definiert. Was die Eltern tun, ist von Grund auf richtig.

Dass es verschiedene Arten von Eltern gibt, dass es Wahlmöglichkeiten, Entscheidungen und Alternativen in der Lebensgestaltung gibt, ist den Kindern in dieser Lebensphase oft noch gar nicht bewusst und wird erst in der späten Kindheit und in der Jugend immer deutlicher.

Kinder haben also anfangs keine festen Bewertungsschemata, die ihnen sagen könnten, dass es nicht in Ordnung ist, was die Eltern tun. Sie erlernen die Bedeutung von Dingen und Handlungen erst mit der Zeit. Entscheidend für die Weitergabe etwa eines Suchtverhaltens ist dann auch, dass Kinder in den ersten fünf bis zehn Lebensjahren in ihren Familien lernen, mit der vorgefundenen Welt klarzukommen. In einer Familie, in der etwa Vater und Großvater Alkoholiker sind, lernen Kinder, mit Stimmungsschwankungen und Ausbrüchen, mit Suchtdruck und Fahrigkeit der Bezugspersonen auf irgendeine Weise umzugehen. Sie lernen zu beschwichtigen, zu stützen, anderen aus dem Weg zu gehen, sich eine eigene Welt zuzulegen, sich woandershin zu orientieren oder in Streiten einfach die Ohren auf Durchzug zu stellen. Für solche – von außen betrachtet – extremen Krisensituationen haben Kinder, die in einer Familie mit Suchtkranken aufwachsen, also Verhaltensmuster. Diese können sie ausfüllen. Den Umgang mit Ruhe, Routine oder sehr aufmerksamen, stabilen Kontakten haben sie dagegen nicht gelernt und fühlen sich damit oft erst mal jahrelang falsch und unsicher, bis sie lernen, damit umzugehen.

Es ist also letztlich so, dass Prägungen und Lernprozesse aus der Kindheit unsere Meinung von der Welt und unsere Verhaltensmuster maßgeblich mitbestimmen. In einer Familie, in der viele Mitglieder mit Alkohol zu tun haben, wird man es als normal empfinden, »dass Menschen irgendwie mit Alkohol zu tun haben«. Von da aus ist es nur noch ein kurzer Weg, das Suchtverhalten von der einen zur nächsten Generation aufzugreifen. Wenn ich zu diesen eher lernpsychologischen und soziologischen Faktoren noch die Sippenebene mit dazunehme und Genogramme über mehrere Generationen, gibt es noch einen weiteren Einfluss, der das Suchtverhalten begünstigt: Wenn man beispielsweise annimmt, dass in einer Familie bereits über drei Generationen die Väter jeweils Alkoholiker waren, dann hat sich das Muster nicht nur auf einer reinen Verhaltensebene in der Familie durchgesetzt, sondern spielt auch auf Sippenebene eine ganz feste Rolle. Das heißt, es gibt in solchen Systemen oft noch zusätzlich den unbewussten Merksatz für die ganze Sippe, etwa: »Männer aus unserer Sippe müssen von jeher Alkoholiker sein, sonst gehören sie hier nicht dazu.« In je mehr Generationen die Sucht schon auftritt, desto stärker wirkt dieser Satz. So sind die Kinder und Jugendlichen aus einer Familie mit vielen Süchtigen also automatisch mit der Suchtproblematik konfrontiert. Sie müssen sich dazu verhalten, sich beispielsweise entscheiden, ob sie sich mit der väterlichen Linie solidarisieren und auch trinken oder ob sie die Linie quasi verraten und abstinent bleiben. Sogar, wenn sich etwa ein suchtkranker Vater auf einer bewussten Ebene darüber freut, wenn sein Sohn abstinent bleibt oder einen maßvollen Umgang mit Alkohol findet, auf der unbewussten Ebene der Sippe entsteht eine Spannung, denn der Sohn fällt mit seinem Verhalten komplett aus dem Familiensystem, lehnt das generationale Erbe quasi ab.

Ich habe schon häufiger Männer zwischen dreißig und vierzig in meiner Praxis beraten, die sich schämten und darunter litten, dass sie in das Suchtverhalten der Väter, Onkel oder Großväter gefallen waren. Mit diesen insgesamt etwa fünf Klienten habe ich immer wieder ähnliche Gespräche geführt. Anhand der Genogramme habe ich häufig erst einmal gemeinsam mit den Klienten analysiert, wie stark das Thema Alkohol im Sippensystem verankert ist. Auch wenn der Zusammenhang für Außenstehende oft ganz offensichtlich ist, für viele Klienten ist es ein unglaublicher Erkenntnisgewinn, diese Häufung von Menschen mit Suchtthemen im eigenen Stammbaum mal wirklich plastisch vor sich zu sehen. Die erste Reaktion ist dann oft Entsetzen, also ein Gefühl von Fatalismus, eine Angst, dem »Familienfluch« einfach nicht entkommen zu können. In Gesprächen und weiteren Prozessen wird den Betroffenen aber dann meist schnell klar, dass sie durch die neue Übersicht nun auch eine Chance haben, das Problem besser zu verstehen und zu greifen. Ich erkläre den Klienten dann auch oft, dass man die tiefen Bindungen und Solidaritäten nach und nach lösen kann. Mit den Klienten entwickelte ich daraufhin Erkenntnissätze. Etwa:

Ich darf zu meiner Sippe gehören, auch wenn ich gesund bin und nur in Maßen Alkohol trinke.

Ich gehöre zu meiner Familie, auch wenn ich friedlich lebe, einem normalen Beruf nachgehe und freundlich zu meiner Frau und meinen Kindern bin.

Ich darf zu meiner Sippe gehören, auch wenn Alkohol in meinem Leben keine Rolle spielt.

Mit diesen oder leicht abgewandelten Sätzen sind wir dann in eine energetische Lösung dieser Sippenverstrickungen gegangen. Diese

Beratungen und Arbeiten am Genogramm wurden in zwei Drittel der Fälle ein erster Schritt hin zu einer Suchttherapie und einem neuen Weg in ein ruhigeres, zum Teil auch ganz suchtfreies Leben.

Das Thema Alkohol ist natürlich nur eins von sehr vielen, die sich tief in Familien einprägen und die sich von Generation zu Generation mehr und mehr vertiefen. Wann immer solche Themen da sind – und in fast allen Familien gibt es solche sich durchziehenden Probleme –, kann man davon ausgehen, dass Kinder, sobald sie auf die Welt kommen, mit dem Problem irgendwie zu tun haben. Das bedeutet: Wenn man zu dieser Sippe gehört, dann trägt man einen Teil dieser Familieneigenschaft, dieses Problems wahrscheinlich in sich, muss sich zu diesem Thema in irgendeiner Weise »verhalten«. Sehr oft passiert es auch, dass wir das Gegenteil von dem tun, was unsere Familienverhaltensweise uns vorschreibt. So kann es sein, dass eine Familie von Suchtkranken eine Menge strikte Abstinenzler hervorbringt, eine Familie von unsportlichen Menschen ein oder zwei ausgesprochene Extremsportler oder dass jemand aus einer Familie, in der Körperlichkeit und Lust ein Tabu sind, irgendwann eine extreme Sexphase durchmacht. In jedem Fall gehören das Thema oder/und die Umkehrung dieses Themas zu allen Sippenmitgliedern. Es lohnt sich meiner Meinung nach sehr, diese Themen ausfindig zu machen und sich damit zu beschäftigen.

ÜBUNG
Unsere Familienprobleme

Wenn Sie sich Ihre eigene Familie über die letzten drei Generationen hinweg anschauen, können Sie möglicherweise ebenfalls einige Probleme sehen, die immer wieder auftreten. Manchmal sind diese Schwierigkeiten schwer zu sehen, weil sie für uns quasi blinde Flecken sind – wir halten Probleme dieser Art für so selbstverständlich, dass wir das Gefühl entwickeln, dass »solche Probleme doch jeder hat«. Falls Sie eine solche Familienschwierigkeit entdecken und gleich wieder fallen lassen, weil es Ihrer Meinung nach letztlich »überall so ist«, halten Sie inne und nehmen Sie diese Einschätzung als ein Anzeichen, dass es eben möglicherweise doch Ihr spezifisches Familienthema ist.
Im Folgenden lesen Sie eine kleine Checkliste mit typischen Familieneigenarten, einige sind eher speziell, originell, skurril, andere gehen in eine Richtung, die man eher als »Problem«

bezeichnen würde. Schauen Sie sich die Liste an und kreuzen Sie die Eigenarten an, zu denen Ihnen spontan drei oder mehr Familienmitglieder einfallen (Geschwister, Onkel, Tanten, Cousins und Cousinen mitzählen):

- extrem unsportlich, vielleicht schon beim Schulsport gehänselt worden
- Essstörungen wie Magersucht, Bulimie, Fresssucht
- Künstlerische Neigungen, Lust am Ausdruck
- Sinnsuche, Auswandern, Abenteuer wagen, Pioniergeist
- extreme Sensibilität, fast schon Überempfindlichkeit
- ungeschickt, zwei linke Hände, macht alles kaputt
- Suchtneigung zu Alkohol oder zu Drogen
- Genauigkeit, Sturheit, fast schon unerbittliche Ordnung und Disziplin im Alltag
- Humor, Lust zu lachen, Albernheit
- Soziales Verhalten, Kümmerer-Art
- Ängste, Schüchternheit, extreme Zurückhaltung
- laut, aufbrausend, egozentrisch
- Neigung zu ungesundem Essen und ungesundem Lebensstil
- Gewalt, Schlägerei, gelegentlich Delinquenz/Diebstahl
- Mehrere Arbeitsstellen verloren
- Neigung zu Zank und Drama
- Neigung zu Ruhe und Umsicht
- möchte Dinge besitzen, materiell
- will möglichst unabhängig bleiben
- mehrere Trennungen und Scheidungen
- immer mal wieder Betrug, Ehebruch
- Spielsucht oder Internetsucht – zumindest tendenziell
- Gesellschaftsmensch, gerne Gastgeber
- das Gefühl, ein Außenseiter zu sein
- Depressionen und Melancholie als ständige Begleiter
- Verlust von Geld, Besitz und Ansehen
- Gewinn von Geld, Besitz und Ansehen
- der soziale Star sein und sein wollen
- an Genuss, Essen, Kochen interessiert
- freizügig in Sachen Sex und Körper
- neigt zu Heimlichkeiten, Geheimnissen, Verrat
- übertreibt gern, gibt gern an
- selbstunsicher, immer wieder das Gefühl, nichts wert zu sein

- das Gefühl, etwas Besseres zu sein
- vorsichtig und korrekt bleiben, »in Deckung gehen«
- aus der Zeit gefallen, wie ein Außerirdischer sein
- tendenziell verklemmt, »über Sex spricht man nicht« oder Verzicht auf körperliche Liebe

Diese Liste könnte man noch lange fortsetzen. Schauen Sie sich an, welche ein oder zwei Familieneigenschaften Sie gefunden haben. Wenn Sie sehr viele Eigenschaften entdeckt haben, wählen Sie die beiden, die Sie spontan am wichtigsten und prägendsten finden. Machen Sie sich klar, dass diese Dinge quasi einen Teil des verinnerlichten Familienverhaltens sind. Das bedeutet: Sie tragen einen Teil dieser Marotte, dieser Eigenschaft wahrscheinlich in sich, müssen sich zu diesem Thema in irgendeiner Weise »verhalten«. Denken Sie daran, dass es sehr oft auch eine Umkehr gibt, also dass man das genaue Gegenteil von dem tut, was die Familie macht. Auch das ist ein Zeichen, dass man letztlich noch mitten im Thema steckt und nicht frei entscheidet.
Wenn Sie nun wissen, an welchen Familienthemen Sie in Ihrem Leben »kleben«, können Sie sich bewusster und gezielter damit beschäftigen – und versuchen, einen freieren Umgang mit dem Thema zu finden. Wenn es kleine Marotten sind, können Sie damit im Alltag experimentieren, neues ausprobieren, versuchen, neue Möglichkeiten im Umgang zu finden. Wenn Sie in dieser Übung große Themen aufgespürt haben, zum Beispiel Essstörungen oder Depression, kann es passend sein, sich in diesem Punkt auch einmal professionell beraten zu lassen.

FALL II: Wie eine Adoption oft das ganze Leben verändert

Wenn es um Kinder geht, ist ein sehr spezielles, aber meiner Meinung nach extrem wichtiges Thema die Adoption. In meiner Praxis habe ich immer wieder Frauen und Männer beraten, die in Familien adoptiert wurden und die damit oft erhebliche Schwierigkeiten hatten. Diese Probleme traten nicht nur dann auf, wenn die Adoption bei Kindern im Kindergarten- oder Schulalter passierte, die Betroffenen also Erinnerungen und Bindungen an die leibliche Familie hatten. Auch bei Männern und Frauen, die bereits als Babys und direkt nach der Geburt von einer neuen Familie aufgenommen und adoptiert wurden, gab es psychische Schwierigkeiten, etwa das ständige Gefühl der Zerrissenheit, der Entwurzelung und des Nichtdazugehörens. In wissenschaftlichen Studien wird außerdem häufiger darauf hingewiesen, dass besonders belastende Umstände anscheinend immer dann entstehen, wenn das adoptierte Kind den Kontinent wechselt, also etwa aus Asien, Afrika oder Südamerika kommt und dann in einer europäischen oder amerikanischen Familie aufwächst. Studien aus Schweden zeigen jedenfalls, dass Kinder, die aus dem Ausland adoptiert wurden, häufig seelische Belastungen schildern und zeigen: Fast viermal höher als bei in Schweden geborenen (und dann adoptierten) Kindern ist das Risiko eines Selbstmordversuches, dreimal häufiger sei die Gefahr einer psychischen Erkrankung, fünfmal so stark die Gefahr einer Drogenabhängigkeit.[41]

Für mich sind diese Zahlen nicht überraschend. Aus der Perspektive der Sippendynamik zeigt sich bei so gut wie jeder Adoptionsfamilie, dass ein adoptiertes Kind – mit wie viel Liebe es auch aufgezogen wird – sehr oft mit der leiblichen Sippe in einen riesigen Loyalitätskonflikt gerät. Wenn die Adoption aus dem Ausland erfolgt, ist der Loyalitätskonflikt natürlich ungleich größer, da die Ursprungsfamilie ja meist aus komplett anderen Verhältnissen und einem komplett anderen Kulturkreis kommt als die Adoptionsfamilie. Um das Spannungsfeld einer solchen Problematik besser zu verdeutlichen, möchte ich an dieser Stelle direkt mit dem Beispiel von Katharina einsteigen.

Katharina ist Mitte zwanzig, als sie zu mir in die Beratung kommt. Sie ist die Adoptivtochter von einem der geschäftsführenden Manager bei einem Automobilkonzern. Ihre »neue« Mutter ist heute wieder als Geigerin bei einem mittelklassigen Orchester beschäftigt, hat aber während der Kindheit von Katharina und ihrer zwei Jahre jüngeren Schwester Simone zeitweise pausiert. Katharina selbst arbeitet als Bühnenbildnerin bei einem Staatstheater in Nordrhein-Westfalen. Sie ist ein kerniger, ein herber Typ: groß, breitschultrig, mit schwarzen langen Haaren, geht immer in blauen oder grauen Arbeitshosen, spricht mit lauter Stimme und gibt sich gern ein wenig ungehobelt. Ihre Arbeit als Bühnenbildnerin macht ihr Spaß, erzählt Katharina mir, nur hat sie sich nach der Ausbildung immer mehr in den Bereich der handwerklichen Bühnenarbeit hineinentwickelt und ist heute mehr mit Bauen als mit der kreativen Entwicklung von Bühnenbildern beschäftigt. Sie ist in den Handwerksbereich so reingerutscht und findet es ganz gut so. Probleme macht Katharina das Gefühl, »überhaupt nicht gut mit mir selbst umgehen zu können«: Sie ist permanent wütend und zornig, auf sich oder auf andere, steht so unter Strom, dass sie sich beinahe täglich mit Drogen betäubt. Vor allem konsumiert sie Gras, Speed und Alkohol, jeweils um sich aufzuputschen oder wieder ruhiger zu werden. Der Hang zu Substanzen, wie sie es nennt, begann bei ihr schon zu Schulzeiten. Genau wie die Tendenz, sich mit Männern einzulassen, die sie nicht gut behandelten, sie zum Teil sogar schlugen. Viel ausgemacht habe ihr das nicht, sagt Katharina. Seltsamerweise sei ihr das manchmal sogar irgendwie richtig vorgekommen. Dass sie sich in der Jugend zum Teil mit Rasierklingen selbst verletzt hat, sagt sie nicht gleich in der ersten Sitzung, im zweiten oder dritten Kontakt kommt sie aber auch darauf zu sprechen. Sie habe, so sagt Katharina immer wieder, »einen Drang, sich selbst zu bestrafen und sich nichts Gutes zu gönnen«. Außerdem seien die Wut und der Hass, den sie zum Teil auf die Welt, vielleicht aber auch auf ihre sehr freundlichen Adoptiveltern habe, zum Teil unerträglich. Ihre Schwester Simone sei da ganz anders, erzählt Katharina weiter – sie habe Jura studiert und sei nun Staatsanwältin, habe einen festen Freund, der Apotheker ist und den sie bald heiraten werde. Simone wäre auch optisch ein ganz anderer Typ: eine schlanke, schlaue und mädchenhafte Person mit einer eleganten Brille.

Im Gespräch komme ich schnell auf die Frage, wie Katharina sich erklärt, dass sie so ganz anders ist als alle anderen in ihrer Familie. Natürlich führt Katharina das auf ihre Adoption zurück, schildert, dass sie jeden Tag spürt, dass sie adoptiert ist. Weiter vermutet sie, dass sie sich vielleicht innerlich abgelehnt fühlen könnte, weil ihre leibliche Mutter sie ja anscheinend nicht wollte. Ich gebe ihr Recht, dass das natürlich eine große Rolle spielt, sage ihr aber auch, dass ich das Gefühl habe, dass die Loyalitätskonflikte und die Sippendynamiken, die auf Katharina einwirken, so massiv sind, dass es sich lohnen könnte, sich Katharinas Genogramm mal genauer anzuschauen. Wir zeichnen, wie es die Situation erfordert, das Genogramm ihrer Ursprungsfamilie und das ihrer Adoptivfamilie auf:

Zur Erläuterung: Rechts sieht man die neue Familie, mit Vater, Mutter, der Schwester und Katharina, sowie den Großeltern mütterlicherseits, von denen der Großvater Dirigent war und die Großmutter großbürgerliche Hausfrau. Die Familie des Vaters lassen wir hier aus, er stammt aus einer angesehenen Anwaltsfamilie. Die »neuen« Eltern konnten zunächst keine Kinder bekommen, aber als Katha-

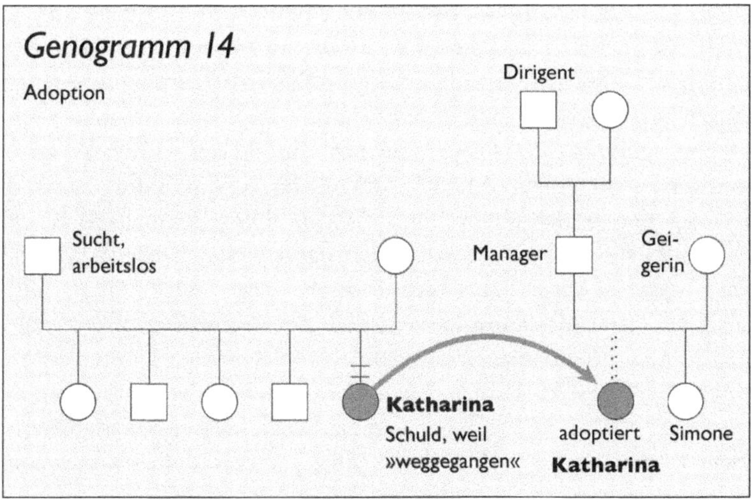

Genogramm 14
Adoption

rina dann da war, wurde die Mutter schwanger und es kam die jüngere Schwester Simone zur Welt.

Nun zeichnen wir daneben die leibliche Familie von Katharina. Von dieser Familie weiß Katharina nicht viel, sie hat nur erzählt bekommen, dass die Mutter noch vier weitere Kinder hatte und deshalb sie, das jüngste und letzte Kind, weggegeben hatte. Außerdem weiß sie, dass die Familie von Sozialhilfe lebte und am Stadtrand von Frankfurt in einem Hochhausviertel wohnt oder früher jedenfalls wohnte. Katharinas leiblicher Vater war, auch das wusste sie aus Schilderungen der »neuen Mutter«, früher auf dem Bau gewesen und dann aufgrund einer Alkoholabhängigkeit arbeitsunfähig geworden. Die Informationen über die Ursprungsfamilie müssen zwar als bruchstückhaft gelten, aber wir zeichnen das Genogramm dennoch auf, von der Großelterngeneration dieser Familie weiß Katharina allerdings wirklich gar nichts. Sie hat auch noch die Anekdote gehört, dass sie eigentlich gar nicht Katharina heißen sollte. Ihre leibliche Mutter hätte sie Iris genannt.

Anhand des Genogramms erkläre ich Katharina, warum sie sich in ihrem Leben so oft »schlecht behandelt«. Im Genogramm sind für dieses Verhalten jedenfalls zwei große Einflussfaktoren sichtbar.

Zunächst ist das Katharinas Ursprungsfamilie. Ihnen geht es nicht gut, sie haben sehr wenig Geld, sind Arbeiter mit wenig Aussicht auf Entwicklung im Job und zumindest der Vater kämpft latent mit einem Suchtthema. Katharina wurde aus diesem beklemmenden Umfeld zwar früh herausgelöst und hat davon im realen Alltag nichts mitbekommen, ist aber auf einer tiefen inneren Ebene immer noch die Tochter ihrer leiblichen Eltern, ist tief mit dieser Familie und ihrer Geschichte verbunden und möchte unbewusst unbedingt dazugehören. Also verhält sich Katharina so, wie sie es womöglich als eine »gute Tochter« ihrer leiblichen Familie tun würde: Sie konsumiert Drogen; obwohl sie wie ihre »Zieheltern« im Theaterumfeld arbeitet, hat sie sich einen Handwerksjob dort gesucht und keinen kreativen; sie quält sich, macht sich das Leben schwer, sucht sich Partner, die zu körperlicher Gewalt neigen – wie vielleicht bereits ihr leiblicher Vater (das kann ich natürlich nur mutmaßen). Diese erste Aufzählung und Ausführung zum Thema bringt Katharina zu einem erleichterten Weinen. Sie bestätigt meine Ideen: »Obwohl es ja echt pervers ist – ich habe oft erst das Gefühl, irgendwie angekommen zu sein, wenn es mir schlecht geht.« Ich bestätige ihr, dass man genau diese Art von Gefühlen bei ihr auch vermuten würde, wenn man das Genogramm sähe.

Aber der Loyalitätskonflikt geht noch tiefer und weiter: Katharina hat ihren leiblichen Eltern und ihren Geschwistern gegenüber vermutlich ein permanentes schlechtes Gewissen. Denn sie hat ja als Einzige den Ausbruch aus dem System gemacht, hat in einer neuen, gut situierten Familie alle Chancen der Welt. Mit diesen Chancen und diesem neuen Umfeld verrät sie aber letztlich tagtäglich ihre Ursprungsfamilie. Auch das ist ein Grund, warum sie sich schlecht fühlt, sie kommt sich unbewusst wie eine Verräterin vor, was sie in der Sippenlogik auch tatsächlich ist, natürlich wiederum nur auf einer unbewussten Ebene. Oft rufen solche Schuldgefühle der Sippe gegenüber die Tendenz hervor, sich selbst zu bestrafen oder zumindest zu sabotieren. So darf Katharina etwa nicht all die vielen Chancen nutzen, die ihre neue Familie ihr anbietet. Statt eines Studiums hat sie sich deshalb wohl unbewusst für einen eher handwerklichen Beruf entschieden, der ihrer Ursprungsfamilie entspricht (was allerdings kein Problem für sie ist, weil sie das wirklich gerne macht). Gleichzeitig lehnt sie die großbürgerlichen Kontakte und Veranstaltungen ab, lässt sich nicht über die beruflichen und gesellschaftlichen Netzwerke ihrer Eltern und Großeltern empfehlen. Sie sucht sich auch ihre Partner und Freunde unter den Bühnenarbeitern oder geht mit Zufallsbekanntschaften aus ihrer Stammkneipe ins Bett. So versucht sie das permanente Gefühl auszugleichen, sich unrechtmäßig in eine »schnöselige« Oberschichtssippe eingeschlichen zu haben.

Zu diesem Thema fällt Katharina ein, dass ihre Adoptivmutter in den letzten Jahren häufig sauer auf Katharina war, weil sie der Meinung war, Katharina sei undankbar und würde sich in einem »Geist verhalten, nach dem sie hier in der Familie nicht erzogen wurde«. Katharina erinnert sich, dass diese Kommentare sie unglaublich ratlos und wütend gemacht haben. Sie hatte das Gefühl, als sei sie einfach »aus einem anderen Holz geschnitzt« und dadurch letztendlich sehr allein. Ich erkläre ihr, dass das sehr vielen Adoptivkindern so ginge – dass sie ihre oft sehr ehrgeizigen Zieheltern nur enttäuschen können. Ich bin sogar der Meinung, dass der Konflikt in diesem Fall noch relativ moderat ist, weil die Adoptivmutter noch eine leibliche Tochter bekommen hat, die ihre Erwartungen voll und ganz erfüllt – und ihre Werte teilt. So gerät Katharina in der Adoptivfamilie zwar ein wenig an den Rand, wird aber von den Erwartungen der Mutter auch nicht komplett erdrückt. All diese Eindrücke teile ich Katharina mit, die all diese Gedanken und Gespräche sehr hilfreich findet.

Katharina will in einem weiteren Schritt außerdem von mir noch wissen, woher ihre rasende Wut auf die Adoptivfamilie und deren Welt und die Wut auf sich selbst kommt. Auch dafür finde ich im Genogramm eine Erklärung: Der permanente brummende Hass ist eine Art immer währender Zorn der Ursprungssippe auf die Adoptivsippe. Diese Wut ballt sich bei Katharina, fließt, um es mal ganz theatralisch zu sagen, in ihrer Person zusammen – so dass sie diese Wut so deutlich und konstant empfindet, dass sie diese kaum ausschalten kann und versucht, sie mit Drogen und Alkohol in Schach zu halten.

All diese Punkte streifen wir bereits in der ersten, extrem intensiven Sitzung. Wir finden für Katharina verschiedene Erkenntnissätze, die wir mit in die Arbeit hineinnehmen. Die wichtigsten:

Ich darf die Vorzüge und Chancen, die meine Adoptivfamilie mir bietet, annehmen und gehöre trotzdem zu meiner Ursprungsfamilie.

Ich darf freundlich und nett zu mir sein, mich bilden und mir eine gute Position suchen – und gehöre trotzdem zu meiner Ursprungsfamilie.

»Ich darf meiner Adoptivfamilie dankbar sein und mich über mein Schicksal freuen – und bin trotzdem ein Teil meiner Ursprungsfamilie.«

Mit diesen Sätzen sind wir in eine sehr intensive energetische Arbeit eingestiegen, die wir über mehrere Sitzungen verteilt haben, da hier tiefgreifende Prozesse angestoßen wurden. Interessanterweise hat sich als Allererstes nach diesen Sitzungen der permanente Hass verflüchtigt. »Das Gefühl gibt es zwar noch, aber es ist deutlich leiser geworden«, berichtet Katharina als eine Art erste Zwischenbilanz. Sofort nachdem dieses Wutgefühl kleiner und handhabbarer geworden ist, hat Katharina mit dem exzessiven Drogenkonsum aufhören können. Mit der Zeit hat sich dann auch das Verhältnis zur Adoptivfamilie ein wenig verändert. Katharina hat das Gefühl, dass sich besonders das oft angespannte Verhältnis zur Adoptivmutter verbessert hat. Sie fühlt sich heute manchmal dankbar und kann sehen, dass diese Frau sehr viel für sie getan hat. Wie ein Mutter-Tochter-Verhältnis fühle sich das Ganze trotzdem nicht an, findet Katharina. Zwischendurch hat sie überlegt, ob sie den Namen annehmen soll, den ihre leibliche Mutter ihr geben wollte, nämlich Iris. Sie entschied sich aber irgendwann dagegen – schließlich war sie selbst nun schon seit 26 Jahren Katharina.

Sie arbeitet heute immer noch im Bereich Bühnenbau, ist Teamleiterin der handwerklichen Abteilung. Mit ihrer burschikosen Art, ihrer Stärke und ihrer Freundlichkeit kommt sie dort gut zurecht. Sie hat auch einen gleichaltrigen Freund. Christian ist Beleuchter, hat eine eigene Firma. Zusammen reisen sie viel, arbeiten häufiger zusammen, haben einen eher bodenständigen Freundeskreis. Christian ist im Haus der Adoptiveltern nicht unbedingt gern, geht aber zu Geburtstagsfeiern und zu Feiertagen gelegentlich mit und wird dort auch akzeptiert, denn er ist ein Machertyp, der viel Humor hat.

Die Adoptivfamilie hat sich ein wenig damit abgefunden, dass die »dazugewonnene« Tochter eben doch anders ist als das leibliche Kind und dass das Projekt »Ersatzfamilie für die kleine Katharina« sich aus heutiger Sicht zwar doch ganz passabel entwickelt hat – eine tiefe, elterliche Bindung ist aber nicht mehr aufzubauen.

Zum Abschluss noch ein paar allgemeine Worte zum Thema. Auch wenn laut Statistiken in Deutschland heute jährlich nur etwa 4000 Kinder adoptiert werden – vor zwanzig Jahren waren es noch doppelt so viele[42] –, sind die mit einer Adoption verbundenen Spannungen meiner Meinung nach so groß, dass es sich lohnt, das Thema genau anzuschauen und Menschen mit Adoptionshintergrund mit Gedanken über Familiendynamik und der Wirkung von Sippenbindungen vertraut zu machen. Denn so wie Katharina geht es tatsächlich sehr vielen Menschen, die adoptiert wurden – sie ahmen zunächst ihre leiblichen Eltern nach, fühlen sich dann schuldig und rutschen häufig immer mal wieder in emotional sehr instabile Zustände ab.

Die andere Variante, die ich bei Erwachsenen gesehen habe, die als Kinder adoptiert wurden, ist das genaue Gegenteil eines instabilen Verhaltens: Mit einer besonderen Energie und besonderem Ehrgeiz gehen diese Menschen daran, ein Lebenswerk zu schaffen, sind als Ärzte, Ingenieurinnen oder Künstlerinnen unermüdlich dabei, Großes und Besonderes zu leisten. Die Rastlosigkeit und der Leistungswille werden von vielen Außenstehenden bewundert. Dennoch ist auch diese Schaffenskraft häufig eine Strategie, mit Schuldgefühlen und Zerrissenheit umzugehen. Nach dem Motto: Wenn ich es hier schon so gut habe, muss ich jetzt aber wirklich alles geben, um es zu verdienen. So wie ich die Dinge sehe, ist diese Variante für Außenstehende zwar oft sehr angenehm und für die Betroffenen erst einmal eine sehr kraftvolle und vorwärtsgewandte Lösung. Auf Dauer spüren viele von ihnen aber, dass diese Art des Umgangs sie innerlich unter großen Stress setzt, sie ruhelos macht und sie sich nicht selten auch einsam und abgeschottet fühlen hinter all ihren guten und großen Taten.

Eine kurze Boulevard-Fußnote zum Thema sei hier auch noch erlaubt: Wir alle wissen, dass viele Hollywoodstars Kinder adoptieren, oft aus Ländern, die sich kulturell sehr von den USA unterscheiden, oft aus ökonomischen Situationen, die vom Leben eines Hollywoodstars Lichtjahre weit entfernt sind.

Ich sehe die Motivation zu solchen Adoptionen in einigen Fällen auch bei den Stars selbst erst einmal als eine Ausgleichsbewegung an: Sie haben so viel Reichtum und Ruhm angehäuft, dass sie »armen Kindern« ein besseres Leben ermöglichen wollen und auch eigene Schuldgefühle abmildern wollen. (Dynamiken dieser Art findet man auch bei Lottogewinnern: siehe Seite 33 f.) Ob die oft sehr engagierten Hollywoodschauspieler den Adoptivkindern mit diesem Schritt wirklich ein gutes Leben schaffen? Ich hoffe es. Ich bin allerdings zutiefst der Überzeugung, dass dies besser gelingt, wenn alle an der Adoption Beteiligten sich mit Themen rund um Familienloyalität und Familienbindung auseinandersetzen und auskennen. Besonders die Adoptiveltern sollten also verstehen, was für eine weite Reise zwischen den Sippen und zwischen den Welten für ihre Kinder mit diesem Schritt beginnt.

6. Kapitel: Ausblick oder: Und wie geht es jetzt weiter?

In den vorangegangenen Kapiteln sind wir tief in die Welt der Genogramme und der verschiedenen Sippendynamiken eingetaucht. Ich habe versucht, durch viele unterschiedliche und klare Beispiele darzustellen, wie sehr wir in unserem Leben, in unseren Empfindungen und in der Art, wie wir im Leben stehen, noch immer von unserer Familie – und zwar über Generationen – geprägt sind. Ich hoffe sehr, dass ich Ihnen auch für Sie persönlich zeigen konnte, dass einige Themen und Entscheidungen aus Ihrem eigenen Leben eventuell etwas mit Prägungen aus Ihrer Sippe zu tun haben. Und damit, was Ihre Eltern, Großeltern und Urgroßeltern im Laufe ihres Lebens erlebt haben. Sehr oft habe ich in meiner Praxis gesehen, dass Menschen erleichtert und sogar beschwingt sind, wenn sie verstehen, wie Teile ihrer eigenen Lebensgeschichte mit der Geschichte ihrer Sippe verbunden sind. Denn wenn man den Fokus auf das Genogramm legt, wenn man zurückschaut, dann ist dieser Blick in die eigene Geschichte selbst im Grunde bereits eine Würdigung der Ahnen und der Familienmitglieder, von denen wir abstammen und die uns mit geprägt haben.

Da ich mich selbst schon so lange mit Genogrammen und mit der Arbeit mit Sippendynamiken beschäftige, überwiegen bei mir oft die erhellenden Erkenntnisse und das Gefühl, dass sich sehr viele Knoten und Konstellationen eben auch wieder lösen lassen. Mir ist aber durchaus bewusst, dass einige Menschen, die das erste Mal von meiner Arbeit erfahren oder als Klienten um Beratung bei mir bitten, äußerst überrascht und auch ziemlich perplex sind, wenn sie die tiefen Zusammenhänge zwischen ihrer Sippe und ihrem eigenen Leben verstehen. Dafür habe ich Verständnis, denn eine Beratung mit Hilfe von Genogrammen ist ein wenig, als würde man nach sehr langer Zeit wie zufällig auf einen Dachboden klettern und dort mehrere Kisten mit Fotos und Briefen finden, von denen einem plötzlich klar wird, dass sie das eigene Leben ganz konkret betreffen – und beeinflussen. Nicht alle Menschen finden die Vorstellung angenehm, dass sie mit den Geschicken und Wegen der eigenen Familie und der weiteren Sippe im Grunde für immer verbunden sind. Ein bisschen ist das auch Typsache. Familienmenschen nicken die Zusammenhänge oft eher ab. Menschen, die sehr auf Autonomie bedacht sind, blockieren oft erst einmal.

Sehr viele meiner Klienten gewöhnen sich aber mehr und mehr an die Vorstellung, dass die Ahnen in ihrem Leben mit »im Boot« sind. In einem mir bis vor Kurzem vollkommen unbekannten Musikstück des Songwriters Thees Uhlmann heißt es in einer Liedzeile sehr treffend: »Wundere dich nicht über die Toten auf dem Rücksitz.« Warum mich dieser Text so angesprochen hat? Er ist eine sehr schöne Abwandlung des Spruchs von den »Leichen im Keller«, der immer eher etwas Beängstigendes hat. In der Zeile steht meiner Meinung nach der Aufruf, ein wenig gelassener damit umzugehen, dass die Toten auf dem Rücksitz immer mitreisen, egal, wohin wir fahren. Und es versinnbildlicht, dass wir uns schlicht daran gewöhnen können – und es sogar ein Gewinn sein kann, dass die Ahnen bei uns sind.

Ein weiterer Nachsatz ist mir noch wichtig: Natürlich haben all die Beispiele von Menschen, die wir hier vorgestellt haben, oft Probleme und negative Entwicklungen beleuchtet. Es wirkt deshalb erst einmal so, als würden aus der Familie vor allem negative und ungute Einflüsse kommen. Das ist natürlich nicht der Fall: Unsere Sippe und Familie gibt uns unendlich viele positive Impulse und Gaben, Stärken, Liebe und Verbindung. Ich muss dennoch immer darauf hinweisen, dass die Einflüsse aus unserer Familie – egal ob sie in einem konkreten Fall eher gut oder eher schlecht sind – immer eine Art unfreiwillige Bindung und Festlegung auf bestimmte Lebenswege und Themen mit sich bringen. Wenn wir als Individuen unsere eigenen Wege gehen wollen und die Entscheidungen treffen wollen, die wirklich zu uns passen, dann ist es für uns wichtig, nicht nur den »Ballast« aus der Familie, sondern auch positive »Geschenke« noch einmal genau unter die Lupe zu nehmen.

Als kurzes letztes Beispiel sei hier eine Familie erwähnt, in der verschiedene Frauen sehr früh emanzipiert waren und in die Wissenschaft gegangen sind. Stellen Sie sich also kurz ein Genogramm vor – das gelingt Ihnen mittlerweile sicher gut –, in dem schon die Urgroßmutter sich in der Frauenbewegung engagierte, die Großmutter Biologin wurde und als eine der ersten renommierten Wissenschaftlerinnen sogar berühmt wurde und die Tochter nun wiederum als Forscherin in der Neurowissenschaft arbeitet. Jetzt stellen Sie sich vor, diese Frau bekommt eine Tochter. Durch die Vorgaben und Tradition der Sippe gerät dieses Mädchen wahrscheinlich früh in einen unbewussten Loyalitätskonflikt: Sie hat von der Sippe her den Auftrag, die dominante mütterliche und großmütterliche Linie zu stärken, so dass sie wahrscheinlich den Drang spürt, selbst Wissenschaftlerin zu werden oder es wenigstens naheliegt, dass sie irgendeinen sehr emanzipierten oder aufsehenerregenden Weg einschlägt. Auf der anderen Seite entwickelt das Mädchen aber natürlich im Laufe ihres Lebens ganz eigene Neigungen und ganz eigene Pläne für ihre Zukunft, ihren Beruf, ihre Lebenshaltung. So kann es etwa sein, dass die Enkelin sich für Literatur interessiert und Buchhändlerin werden will. Oder sie findet eine eigene Familie »das Größte« und überlegt, viele Kinder zu bekommen, Mutter zu sein und sich nur zweitrangig um das Thema Beruf zu kümmern. All diese eigenen Pläne sind aber angesichts der sehr dominanten Linie der »starken Frauen« aus der Sippe schwer umzusetzen, denn sie müssen sich für das Mädchen unbewusst wie ein Verrat anfühlen. In so einem Fall ist es wichtig, dass die Tochter all dieser erfolgreichen Wissenschaftlerinnen zwar lernt, die starken Frauen ihrer Sippe zu würdigen – sich aber doch unabhängig von deren Weg zu machen. Das heißt, dass man sogar für eine solche starke Linie von Frauen eine Genogrammarbeit mit einer energetischen Lösung machen könnte. Nur kommt natürlich niemand in die Beratung und sagt: »Ich will mich von meinen starken Großmüttern befreien.« Die Essenz aus diesem Beispiel ist für mich vor allem, dass die großen und starken Einflussfaktoren und Besonderheiten unserer Sippe uns auf jeden Fall prägen – egal ob es positive oder negative Vorerfahrungen sind. Und dass es unsere Aufgabe ist, reflektiert damit umzugehen und den automatischen Einflüssen so die Macht zu nehmen.

Zum Abschluss vielleicht noch ein Wort an all diejenigen Leser, die bei der Lektüre für sich selbst auf große und wichtige Erkenntnisse gestoßen sind. Schauen Sie bitte in den nächsten Tagen und Wochen in ruhigen Momenten immer mal wieder, wie Sie sich fühlen. Wenn Sie das Gefühl haben, dass Sie mit dem Thema experimentieren, eventuell selbst etwas ändern können und weiterkommen, bleiben Sie dabei. Man merkt es daran, wenn man mit Leuten darüber sprechen kann oder dass sich an manchen Stellen kleine Dinge ändern. Wenn Sie aber das Gefühl haben, dass Sie verstört sind und bleiben oder in Ihrer Familie ein Thema entdeckt haben, das mit Krankheit, psychischen Störungen, Kriegstraumata oder einer Programmierung auf Verlust und Scheitern zu tun hat, dann kann es vielleicht hilfreich sein, sich professionelle Hilfe zu holen. Sie können mit einem Psychotherapeuten sprechen, mit jemandem, der Beratung in Sachen Persönlichkeitsentwicklung macht, Sie können mich auch persönlich kontaktieren, oder einen der von mir ausgebildeten Berater in meiner Art der Genogrammarbeit.

Ansonsten freue ich mich, dass Sie die Reise in die Welt der Genogramme so aufmerksam mitgegangen sind. Mögen die Erkenntnisse Sie stärken, weiterbringen und ein Stück mehr Freiheit im Leben ermöglichen.

LITERATUR UND INFORMATIONEN

Im Folgenden möchte ich Ihnen noch einige Bücher ans Herz legen, in denen Sie weitere Informationen und Anregungen zum Thema Genogramme und transgenerationale Weitergabe bekommen, sowie einige Bücher, die zu den jeweiligen Themen und Kapiteln passen. Viel Freude beim Stöbern und Lesen.

Allgemeine Bücher über das Thema Familie, transgenerationale Weitergabe, Genogramme

John Bradshaw: Familiengeheimnisse. Warum es sich lohnt, ihnen auf die Spur zu kommen, Goldmann

Bruno Hildenbrand: Einführung in die Genogrammarbeit, Carl Auer

Sandra Konrad: Das bleibt in der Familie. Von Liebe, Loyalität und uralten Lasten, Piper

Stefan Limmer: Versöhnung mit den Ahnen. Mit der 7-Generationen-Aufstellung zu ungeahnter Kraft, Goldmann, Arkana

Monica McGoldrick, Randy Gerson, Sueli Petry: Genogramme in der Familienberatung, Huber-Verlag

Claudia Molitor: Ich und die Anderen. Wie Genogramm- und Aufstellungsarbeit Familienmuster sicht- und lösbar werden lassen, Selbstverlag

Anne Ancelin Schützenberger: Oh, meine Ahnen! Wie das Leben unserer Vorfahren in uns wiederkehrt, Carl Auer

Persönliche Entwicklung in Beruf und Liebe – in Bezug auf die eigene Familie

Julia Cameron: Der Weg des Künstlers, Goldmann, Arkana

Bert Hellinger: Ordnungen der Liebe, Ein Kursbuch, Carl Auer

Gay Hendricks: Lebe dein Leben, bevor es andere für dich tun. Knaur, Mens Sana

Thomas Schäfer: Was die Seele krank macht und was sie heilt. Die psychotherapeutische Arbeit Bernd Hellingers, Knaur

Bertold Ulsamer: Der Apfel-Faktor: Wie die Familie, aus der wir kommen, unseren Beruf beeinflusst, Kösel

Krieg und die Folgen des Krieges

Sabine Bode: Die deutsche Krankheit – German Angst, Piper Verlag

Sabine Bode: Die vergessene Generation: Kriegskinder brechen ihr Schweigen, Klett-Cotta

Sabina Bode: Kriegsenkel: Die Erben der vergessenen Generation, Klett-Cotta

Anne-Ev Ustorf: Wir Kinder der Kriegskinder. Die Generation im Schatten des Zweiten Weltkriegs, Herder

Informationen zu meinen Beratungen und Ausbildungen

Neben einzelnen Beratungsstunden gebe ich regelmäßig Workshops und veranstalte Informationsabende. Für Interessierte und Fachleute biete ich eine Ausbildung in RRM an. Alle Infos zur Rosa Rechtsteiner Methode finden Sie auf meiner Website unter:
www.rosarechtsteiner.de
Von zu Hause aus arbeite ich zusätzlich per Skype mit Klienten in Süddeutschland, Berlin, Hamburg und Nordrhein-Westfalen und bin zudem oft in der Region. Zu den Klienten gehören neben privaten Personen auch Unternehmen bzw. Unternehmer und Führungskräfte sowie Familien als Kleingruppen.
An dieser Stelle sei ein wichtiger Hinweis an die Therapeuten und Kinesiologen gerichtet: In diesem Buch habe ich nur die Grundlagen und einen kleinen Teil der Methode darstellen können. Für eine erfolgreiche Anwendung ist eine wesentlich breitere Kenntnis der RRM erforderlich, ansonsten sind auch negative Auswirkungen nicht auszuschließen. In Hamburg arbeitet meine Tochter, Lena Rechtsteiner-Aboubacar, ebenfalls mit meiner Methode: lena@rechtsteiner.net

Anmerkungen

1 Pauline Rose Clance, Debbara Dingman, Susan L. Reviere, Dianne R. Stober: Impostor Phenomenon in an Interpersonal/Social Context: Origins and Treatment. In: Women and Therapy, 1995, 16(4), S. 79–96.
2 Anne Ancelin Schützenberger: Oh, meine Ahnen. Wie das Leben unserer Vorfahren in uns wiederkehrt. Carl Auer Verlag, 2012, S. 192.
3 Frank Keuper, Heinz Groten (Hg.): Nachhaltiges Change Management: Interdisziplinäre Fallbeispiele und Perspektiven, Springer Verlag, 2007.
4 Uwe Wesel: Frühformen des Rechts in vorstaatlichen Gesellschaften. Suhrkamp, 1985, S. 163, ähnliche Gedanken auch in G. C. Romans: Theorie der Sozialen Gruppe. Westdeutscher Verlag, 1960, S. 299 ff.
5 Nicholas A. Christakis, James H. Fowler: Connected! Die Macht sozialer Netzwerke und warum Glück ansteckend ist. S. Fischer, 2010, S. 276.
6 Nicholas A. Christakis, James H. Fowler: The Collective Dynamics of Smoking in a Large Social Network. N Engl J Med, 2008, 358, S. 2249–2258.
7 In Schützenberger (siehe Literaturangabe 2), S. 37.
8 Petra Bock: Mindfuck. Warum wir uns selbst sabotieren und was wir dagegen tun können. Knaur, 2011.
9 Gay Hendricks: Lebe dein Leben, bevor es andere für dich tun. Mehr wagen und über sich hinauswachsen. Knaur MensSana, 2010.
10 Bruno Hildenbrand: Einführung in die Genogrammarbeit. Carl Auer Verlag, 2007, S. 81.
11 A. A. Schützenberger (siehe Literaturangabe 2).
12 ebenda S. 100.
13 www.welt.de/vermischtes/article1409346/Kann-ein-Lotto-Millionaer-eigentlich-gluecklich-sein.html.
14 A. A. Schützenberger (siehe Literaturangabe 2), S. 68.
15 Monica McGoldrick, Randy Garson, Sueli Petry: Genogramme in der Familienberatung. Huber, 2009, S. 20.
16 Ebenda S. 16.
17 Ebenda S. 14.
18 Bruno Hildenbrand: Einführung in die Genogrammarbeit. Carl Auer Verlag, 2007, S. 74.
19 Ebenda S. 69.
20 McGoldrick et al. (siehe Literaturangabe 15), S. 31.
21 Schützenberger (siehe Literaturangabe 2), S. 60.
22 Bertold Ulsamer: Der Apfel-Faktor. Wie die Familie, aus der wir kommen, beruflichen Erfolg beeinflusst. Kösel, 2010.
23 »Geburtentrends und Familiensituation«, Statistisches Bundesamt 2012, S. 35 ff.
24 Julia Cameron: Der Weg des Künstlers Goldmann, 1996, S. 92.
25 Peseschkian: Psychovampire. Über den positiven Umgang mit Energieräubern. Goldmann, 2011.
26 Barbara Fredrickson: Die Macht der Liebe. Ein neuer Blick auf das größte Gefühl. Campus, 2014.

27 Schützenberger (siehe Literaturangabe 2), S. 58.

28 Bundesministerium für Familie, Senioren, Frauen und Jugend, Drucksache 16/1360 Deutscher Bundestag 16. Wahlperiode, S. 107.

29 Schützenberger (siehe Literaturangabe 2).

30 Bundesministerium für Familie, Senioren, Frauen und Jugend. Stief- und Patchworkfamilien in Deutschland, Monitor Familienforschung, Ausgabe 31, S. 9.

31 Matthias Ochs, Rainer Orban: Familie geht auch anders: Wie Alleinerziehende, Scheidungskinder und Patchwork-Familien glücklich werden. Carl Auer Verlag, 2011.

32 Holmes TH, Rahe RH: *The Social Readjustment Rating Scale.* In: *Journal of Psychosomatic Research.* Vol. 11, Nr. 2, 1967, S. 213–218, doi:10.1016/0022-3999(67)90010-4, PMID 6059863.

33 Anne Ancelin Schützenberger, S. 59.

34 Ebenda S. 59.

35 Sabine Bode: Die deutsche Krankheit – German Angst, Piper, 2008, S. 43.

36 Ebenda, S. 54.

37 Ebenda, S. 42.

38 Katharina Gapp el al: Implication of sperm RNAs in transgenerational inheritance of the effects of early trauma in mice, Nature Neuroscience, 17, 667–669, 2014.

39 Virginia Satir: Selbstwert und Kommunikation. Familientherapie für Berater und zur Selbsthilfe, Leben Lernen 18, Klett-Cotta, 2013 (21. Auflage).

40 Merikangas KR (1990). The genetic epidemiology of alcoholism. Psychological Medicine; Cambridge University Press, Volume 20: Issue 01/ pp 11–22.

41 http://www.sueddeutsche.de/panorama/adoption-suesser-anfang-harter-alltag-1.663051, Artikel vom 11. Mai 2010.

42 http://www.zeit.de/gesellschaft/zeitgeschehen/2013-03/adoption-leihmutterschaft-reproduktionsmedizin.